Ⓢ新潮新書

戸谷洋志
TOYA Hiroshi

親ガチャの哲学

1023

新潮社

本文中、敬称略

親ガチャの哲学◆目次

序章　運VS努力——人生を決めるのはどちらなのか

二〇二三年度の大学入学共通テストの倫理に、面白い問題が出題されました。設問は物語風になっています。ある日、豪邸の前を通りかかった二人の高校生が、こんな対話を始めるのです。

G：すごい豪邸…、こんな家に生まれた子どもは運がいいね。不平等だな。

H：生まれた家とか国とか、個人が選べないもので差があるのは、不平等だとしても変えられないよ。与えられた環境の中で頑張ることが大事だよね。この家の子どもだって、社会で成功できるかどうかは本人次第だと思う。

G：いや、その子どもも、家が裕福なおかげでいい教育を受けて、将来お金を稼げるようになったりするでしょ。運の違いが生む格差は、社会が埋め合わせるべきだよ。

豪邸に住めるような、裕福な家庭に生まれることができるかどうか――それは子どもには選ぶことができません。では、生まれてくる環境によって、その子どもが社会で成功できるか否かは、変わってくるのでしょうか。それとも、本人が努力しさえすれば、生まれてきた環境は関係ないのでしょうか。

この疑問をめぐって、二人の意見は真っ二つに分かれています。

一方の生徒Hは、人が社会で成功できるかは自分の努力次第である、と主張します。たしかに、貧しい家庭に生まれながら偉業を成し遂げた人は、世の中にたくさんいます。この意見はもっともらしく聞こえます。

それに対して、もう一方の生徒Gは、社会で成功できる人の多くは家が裕福であり、そこには本人の努力ではどうすることもできない環境からの影響がある、と考えます。どのような家庭に生まれてくるのか、ということが、その人の人生を決定してしまう。そうであるにもかかわらず、その環境を本人が選ぶことはできません。自分で選べないものによって格差が生じるなら、それは不公平です。

たとえばこんな風に考えてみてください。サッカーの試合をするとき、相手のチームには選手が十一人いるのに、自分のチームには三人しかいなかったら、はたしてまともなゲームになるでしょうか。そんなことはありえません。自分のチームは負けるに決まっています。どれだけ頑張っても、その人数差を努力で変えることはできないからです。

これは不公平でしょう。Gは、人が社会で成功できるか否かも、それと同じような問題だと考えているようです。

Gはさらに踏み込んだ主張をしています。生まれ持った格差は「社会が埋め合わせるべきだ」と訴えるのです。ここで想定されているのは、家庭環境に恵まれた人から税金を徴収して、家庭環境に恵まれなかった人に対して配分する、ということでしょう。たとえば、親の年収が低くても充実した教育を受けられるよう、教育費を無償化するといった政策が、その例です。

このアイデアに対して、Hは強く反発します。

H：それって、幸運な人が持つお金を不運な人に分け与えるということ？　運の違いなんて、そもそも社会のあり方と関わる問題だとは思えないけど。

ポイントは、出生が運次第であるということ自体に、Hが反対しているわけではない、ということです。この世界には歴然と運がいい人と悪い人がいます。しかしHは、運の違いが生む格差は努力で乗り越えられる、と考えているのです。

Hの考えを突き詰めると、恵まれない家庭に生まれながら成功した人は、不運を自分の力で乗り越えたのであり、反対に同じ条件で成功できなかった人は、自分の運命を乗り越える努力をしなかった、その意味で怠慢だった、ということになります。本人の怠慢によって社会で成功できないのは、明らかに本人の責任であり、なぜそんな人の尻ぬぐいを社会が引き受けなければならないのか。それがHの考えなのでしょう。

ずいぶん冷淡に聞こえるかも知れません。しかし、そのように考える人がいたとしても、決して不思議ではありません。なぜなら、そうした考え方を取らなければ、自分の努力が正当に評価されなくなってしまうからです。

もしもGの言うように、社会で成功するか否かが、生まれてきた家庭環境によって決まってしまうなら、成功した人は単に家庭環境に恵まれていただけの人、運がよかっただけの人になります。「あの人は家が裕福なんだから、成功して当たり前だよね」という風に。あるいは、そうした考え方を取るなら、たとえ恵まれない家庭に生まれながら、本人の努力によって成功した人であっても、何らかの幸運にめぐりあえたから自分の環境を変えることができたのであって、決して自分の力によるものではなかった、と見なされるでしょう。

社会が格差を是正することは、社会で成功した人に対して、「それはお前の実力ではない」と、その人の功績を否定することにもなるのです。実際に、Hは次のような懸念を述べています。

H：私は、運の違いが生む格差を社会が埋め合わせる中で、努力まで運のおかげだということになると、努力する人は、自身が適切に評価されていないと感じてしまって、人々がお互いを尊重できないと思っていたんだよね。

Hが懸念しているのは、単に成功した人の評価が貶められることだけではありません。それによって「人々がお互いを尊重できない」状況が生まれるのではないか、すなわち社会のなかに分断が生まれるのではないか、ということをも危惧しているのです。

もしも、人々の理解を無視したまま、税金の再配分だけを強制していくと、成功した人は自分の努力を否定されたように感じ、不満を募らせるでしょう。そしてその不満は、「成功できなかった人たちは単に努力不足なのに、なんでその怠慢を自分たちが埋め合わせないといけないのか」という怒りへと転化します。そしてその怒りの矛先は、成功できなかった人、苦境に立たされている人たちに向けられていくのです。

しかし、だからといって、社会による格差の是正が行われなければ、人々が互いを尊重し合えるわけではありません。不運な人々は、自分が苦境に立たされているのは自分のせいではないのに、誰からも助けが来ないことに、不満を募らせるでしょう。それが、怒りに変わって反発が起きるなら、まだましかも知れません。もしかしたら、そうした人々は誰にも相談することができないまま、苦しみを抱え込み、自分自身を深く毒してしまうかも知れません。

Gの立場を取っても、Hの立場を取っても、問題は根本的に解決されません。私たちはこの問題をどのように乗り越えるべきなのでしょうか。

大学入学共通テストでは、最終的な答えは示されませんでした。「運の違いも努力の差も軽視しない社会の仕組みを考え付くことができるといいですね」という問いかけが提示され、問題は終わります。おそらくそれは、試験を受ける生徒たちに答えを自分で考えてほしいという、出題者のメッセージではないかと推測します。

この問題は、出題直後から、「親ガチャ」という流行語を意識したものであると話題になりました。

親ガチャとは、人間の出生を「ガチャ」という電子くじに譬《たと》えた表現です。あるいはガチャガチャ（カプセルトイ）を連想する人もいるかも知れません。

前述の通り、どんな親のもとに生まれてくるかを、自分で選ぶことはできません。その意味で出生は偶然に委ねられており、くじのようなもの、ガチャのようなものです。しかし、それによって人生は非常に大きな影響を受けます。問題のなかに登場するGが考えていたように、どんな親のもとに生まれてくるかによって、社会で成功するか否かも、決まってしまうのかも知れません。つまり、親ガチャには「当たり」と「外れ」がある、ということになります——この、「当たり」か「外れ」か、という視点を導入しているところに、親ガチャという概念の新しさがあります。

人間の出生はどの立場から考えても偶然です。それについてはGもHも異論がありません。二人の違いは、その偶然が努力によって乗り越えられるのか、乗り越えられないのか、という点です。乗り越えられない、という立場を取る場合、それは人生を親ガチャの結果として捉える発想に接近していきます。

親ガチャは、多くの場合、それに外れたと思っている側から語られます。親ガチャに当たった人――「外れ」の側から見ると当たったように見える人――は、そもそも親ガチャという発想を拒絶し、それを自分の実力だと考えるからです。

一方、苦境に陥っている人が、自分の人生を親ガチャによるものだと考えることには、合理性があります。もしも人生が親ガチャの結果なら、自分が苦境に陥っていることの責任は、自分にあるわけではない、と考えられるからです。このような状況の人々に対して、「お前が苦しんでいるのはお前が頑張らなかったからだ」と責任を追及することは、残酷な追い討ちをかけることにしかならないでしょう。

この意味において親ガチャは、不運であり、苦境に陥った人が、自分の置かれている状況を、あるいはその人生を理解するための概念である、と考えることができます。その意味でこの概念はそもそも悲観的であり、厭世《えんせい》的なのです。

本書では、このように親ガチャの産物として人生を理解することを、「親ガチャ的厭世観」と呼ぶことにします。

親ガチャという言葉は、それが現れてすぐ、世間から非常に強い反発を受けました。たしかに、この言葉に違和感を抱く人がいることは分かります。しかし、忘れてはならないのは、この言葉が流行する背景には、そう考えでもしないと生きていくことさえままならないような、苦境に陥っている人々が存在する、ということです。

その苦境を無視して、「親ガチャなんてひどいことを言うな」と言葉を封じるのは、何の問題の解決にもなりません。それどころか、それは苦しんでいる人々をさらに追い詰めることになるでしょう。

私たちの社会は、いま、親ガチャ的厭世観に覆われています。大学入学共通テストの出題者もまた、同様の認識を持っていたはずです。では、こうした厭世観を、どのように考えたらよいのでしょうか。その苦しみに、悲しみに対して、私たちはどのように向かい合い、どのような態度を取るべきなのでしょうか。

この問題を、哲学の観点から考察することが、本書のテーマです。


ところで、なぜ、親ガチャというテーマを哲学という学問から問い直さなければならないのでしょうか。一言で表せば、それはこの概念が、私たちが当たり前とする自由や責任の概念を、揺さぶるものであるからです。

先ほどの問題に出てきたHの立場は、一般に、自己責任論と呼ばれる考え方です。これは、自分の人生は自分の努力で変えることができる、という発想を基礎にしています。

いまある自分の人生は、これまでの自分の努力によって形作られてきたものであり、したがって自分がこの人生を送っている原因は、自分にある――抽象的な言い方になりますが、こうした「自分が自分であることの原因は自分にある」という考え方が、自己責任論のロジックです。

自己責任論は人間が自由であることを前提にしています。人間は努力することもできるし、努力しないこともできる、ということです。どんなときでも複数のカードを持っていて、その中から一枚を切り続けながら、人生を歩んでいく――それが自己責任論において前提とされている人間観でしょう。だからこそ、自分の人生の原因は自分の選択にある、と考えられるのです。

もし選択肢が閉ざされているなら、つまり切れるカードが何もないなら、その人生は決して自由ではありません。その場合、「自分が自分であることの原因は自分にある」などと考えることはできなくなります。自分の人生を変えることなど最初からできず、それは最初から決まっていた、ということになるからです。

最初に明確にしておくべきことがあります。それは、自己責任論は誤謬《ごびゅう》だということです。たしかに私たちには、ある程度は、自分で自分の人生を変えることができるかも知れません。しかし、出生の偶然性は、選択の自由などよりもはるかに大きな影響力によって、私たちの人生を決定してしまいます。

たとえば筆者は一九八八年に生まれました。その年に生まれてきたということは、自分で選んだわけではありませんし、後から変えることもできません。だから、どれだけ頑張って戦国大名になろうとしても、もう不可能です。そんな筆者に対して、「戦国大名になれなかったのは自分の努力不足だ」と思う人は、誰もいないでしょう。

また、筆者は現在、大学で教員を務めています。哲学の研究者が現在のように大学で教員を務めるようになったのは、この数百年間のことに過ぎません。確かに、筆者は現在の職を得るために色々と自分なりに頑張りました。しかし、先ほどの戦国大名のロジックが正しいのだとしたら、筆者が大学教員になれたのは、この時代に生まれてきたという偶然によるものです。ここにも、出生の偶然性が非常に強く作用しています。

「でもあなたは頑張ったじゃないか」と、優しい声をかけてくれる方もいるかも知れません。しかし、よく考えてみれば、そもそも頑張ることができるかどうか、ということさえも、やはり出生の偶然性に左右されるように思えます。

しばしば指摘されるように、子どもが頑張ることに価値を感じられるか否かは、親の教育に影響されます。親が子どもの努力を認め、それを評価するからこそ、子どもの努力する力は育まれていきます。反対に、子どもが親から「お前みたいなバカがいくら頑張っても無駄だ」と言われて育ったら、頑張ろうとする力そのものが養われないのです。そのように育てられる子どもは、決して少なくないでしょう。そして、努力を認めてくれる親のもとに生まれるのか、それとも認めてくれない親のもとに生まれてくるのか、ということは、まったくの偶然に委ねられています。

筆者は、非常に幸運なことに、頑張ることを評価してくれる親のもとで育ちました。しかし、それは筆者の実力などではなく、単に運が良かっただけなのです。

自己責任論は、人間が自分の意志で人生を選択できることを前提とします。しかしその前提が成立すると考えるのは、非常に困難なのです。実際、哲学の領域で自己責任論が肯定的に、少なくとも全面擁護する形で語られることは、あまり多くありません。

とはいえ、自己責任論が否定されてしまうと、それはそれで困ったことが起こります。それは、そもそも人間の責任など成り立たなくなってしまうのではないか、という疑問が出現するということです。

近代以降の伝統的な哲学において、主流となってきた考え方は、人間が自由な意志を持ち、自律した責任の主体である、というものでした。そうした人間観が今でも私たちの社会の基礎を形作っています。

この前提に対し、人間に自分の人生を選択する自由がない、すべては生まれてきた環境によって決定されている、という立場を取るなら、責任という概念もまた不可能になってしまいます。そしてそれは、私たちの社会の根幹が揺るがされることを意味するのです。

もちろん、自由な選択など最初からできないのだから、その事実に合わせて社会を設計するべきだ、という考え方もあるかも知れません。しかし、それが私たちにとって本当に望ましい社会なのかは、慎重に検討されるべき問題です。

また、そのように責任を無効化することが、いま苦しんでいる人々にとって救いになるとも限りません。責任という概念には、自分の人生を自分の人生として引き受ける、という側面もあります。もしも責任概念が成り立たないなら、そのように自分を引き受けることもまたできない、ということになります。それは、「自分のことなんかどうでもいい」という自暴自棄を引き起こし、自分を尊重しようという気持ちを起こさせなくするかも知れません。

自己責任論を批判する論客の多くは、責任概念そのものを無効化することが、かえって人々の自己肯定感を低下させうるということを、忘れているように思います。確かに自己責任論は間違っています。しかし、だからといって、責任概念そのものを捨ててしまったら、そこには別の問題が出現してしまうのです。

では、どうしたらよいのでしょうか。

本書では、自己責任論を回避しながら、責任概念を放棄するのでもない形で、親ガチャ的厭世観への処方箋を提案したいと考えています。少し硬い言い方をさせてもらうなら、本書の課題は次のようなものです。すなわち、責任を出生の偶然性と両立しうるものとして概念化すること、それによって、運の不平等による分断を乗り越える社会のあり方を模索する、ということです。

これはあまりにも壮大なテーマです。筆者一人の力で、あるいは本書一冊で、成し遂げられるようなものではないかも知れません。しかし、現代社会を覆う厭世観に対して、哲学の観点から何らかの応答が可能であるとしたら、このようなアプローチ以外にはない、と筆者は考えています。

本書には、即効性のある具体策を提示することはできないかも知れません。論争の題材となるような、分かりやすい「敵」も現れないかも知れません。しかし、私たちが社会をどのように形作っていくのか、この世界の苦しみとどう向かい合っていくべきか——そうした問題を考えるために、必要になるだろう哲学の視点を、あるいは哲学だからこそ果たすことのできる貢献の仕方を、本書は模索してみたいと思います。

この本の読者の中には、もしかしたらご自身が、親ガチャ的厭世観に苦しんでいる方もいるかも知れません。筆者には、そのこと自体を、肯定も否定もできません。しかし、少なくとも筆者は、読者である皆さんとともに、問題を考えていきたいと思っています。それも、徹底的に。それが読者にとって何かの解決策になるかどうかは分かりません。しかし、徹底的に思考するからこそ見えてくる解決策も、きっとあると思います。筆者はその可能性を信じています。だからどうか、筆者とともに思考することに、付き合って頂きたいです。

本書は親ガチャの問題を様々なレベルで考察していきます。場合によっては、非常に特殊な事例を取り上げることもあるし、抽象的で概念的なレベルで分析することもあるでしょう。もしかしたら、それはどこか遠い国のことのように聞こえたり、ただの言葉遊びのように感じられたりするかも知れません。

しかし筆者は、いま実際に苦しんでいる人々、親ガチャとでも言わなければ自分を保てないほどに追い詰められている人々の存在を想像し、言葉を連ねようと思います。そうした人と対面し、その眼差しを前にしながら、それでも語れることだけを、語ろうと思います。

本書が読者である皆さんに満足してもらえるかは分かりません。しかし、このような態度を一貫して取り続けることは、約束したいと思います。

前置きが長くなりました。そろそろ本書の内容に入りましょう。

「親ガチャ」をめぐる思考の旅へ、ようこそ。

第1章　「親ガチャ」とは何か

現代社会は親ガチャ的厭世観に覆われている——それが本書の出発点です。

しかし、そもそも「親ガチャ」とは何なのでしょうか。この言葉は、どのような経緯で生まれ、そしてどのような事態を指しているのでしょうか。また、世間でどのように受け止められ、何のために語られているのでしょうか。誤解を抱いたまま議論を始めることにならないよう、まずそれらの点を整理する必要があります。

本章では、親ガチャという言葉そのものについて考察します。世の中での取り上げられ方や、著名人や知識人たちがこの言葉にどのような意見を持っているのかを眺めながら、その正体を見定めていきましょう。

誰も生まれる環境を選べない

「親ガチャ」という言葉は、二〇一七年一二月に「実用日本語表現辞典」というWebサイトに登録された、ネットスラングの一つであると考えられています。[1] この言葉は二〇二一年、その年の「ユーキャン新語・流行語大賞」のトップテンにランクインし、同時に「大辞泉が選ぶ新語大賞」の大賞にも選ばれたことで、一躍有名になりました。

大辞泉編集部は、「親ガチャ」を次のように定義しています。

子供がどんな親のもとに生まれるのかは運任せであり、家庭環境によって人生を左右されることを、カプセルトイのランダム性に例えた言葉。[2]

また選考委員は、「親ガチャ」を大賞に選んだ理由を、次のように説明しています。

編集部との協議の末、大賞には【親ガチャ】を選ばせていただきました。これは一昨年ごろインターネットに現れた言葉ですが、今年に入り、メディアなどで大きく取り上げられるようになりました。現代社会は、機会だけは平等に与えられることが前提となっています。しかし、格差の拡大・固定化がはっきりしてきて、その前提がタテマエでしかないと見抜いた若者たちの、タメ息まじりの流行語と言えます。いわば「アメリカン・ドリーム」の対義語。本心から親に文句を言っているわけではなく、社会への怒りから生まれた皮肉なのでしょうが、言われた親は悲しくなってしまいますね。また、人生の価値を「ガチャ」という軽い言葉で表現していますが、これは本気ではなくニヒルな構えから出た「遊び」と信じたいところです。[3]

選考委員はなぜ「親ガチャ」を大賞に選んだのでしょうか。もちろん、それが多くの人々に認知されるようになったから、という理由も大きいでしょう。しかし、それだけではなさそうです。むしろ、この言葉が語られるようになった背景、すなわち「格差の拡大・固定化」が、その年の世相を象徴しているように思われたことも、大きなポイントだったと考えられます。

「ガチャ」というのは、オンラインゲームなどでアイテムなどを入手するために使用する、電子くじの一種です。さらにその由来を辿るなら、いまでも町の至る所で見かけることのできる、玩具の小型自動販売機（ガチャガチャ）に遡ります。

コインを投入してレバーを回すと、販売機のなかに格納されているカプセルから、ランダムに一つが出てきます。実際にカプセルを開けるまで、そのなかに何が入っているのかは分かりません。運が良ければ、目当てのアイテムや玩具が手に入りますが、場合によってはがっかりするようなものが出てくるかも知れません。

「親ガチャ」は、自分が生まれてくる環境を、そうした「ガチャ」の偶然性になぞらえた表現です。実際に生まれてくるまで、自分がどんな親のもとに生まれるのかは分かりません。ものすごく裕福な家に生まれてくるかも知れないし、ものすごく貧しい家庭に生まれてくるかも知れません。愛情を込めて育ててくれる家庭に生まれてくるかも知れませんし、虐待をする親のもとに生まれてくるかも知れません。

そこには選択の余地がなく、「私」はただ偶然に身を委ね、引いてしまった環境のなかで生きていくしかない――それが「親ガチャ」という言葉に込められた人間観なのでしょう。

若者を蝕む絶望感

ところで、筆者の考える限り、大辞泉編集部による「親ガチャ」の定義は不十分です。この定義には二つのポイントがあります。①どの家庭に生まれてくるかは運任せであり、②その運によって人生が左右される、ということです。

①は当たり前の事実です。生まれてくる前に、どの家庭に生まれるかを選ぶことなど、誰にもできません。そしてそれは、現代社会に特有の現象ではなく、どの時代においても普遍的に変わらない事実でしょう。また②も、程度の差こそあれ、概ね事実であると

言っていいでしょう。少なくとも、「運が人生を左右しない」と言い切ることは不可能だと思われます。

問題なのは、①と②に省略されているもう一つの条件が存在する、ということです。すなわちそれは、「運によって決められた家庭の条件を、その後の人生で変えることができない」ということです。だからこそ、その運が人生を左右することになります。もしも、家庭の条件をその後の人生で変えることができるなら、運による人生への影響はより小さなものにできるはずです。

選考委員が指摘する経済的な格差の「固定化」は、親ガチャ問題の本質を突いています。裕福な家庭は、子どもに対して充実した教育を施すことができ、子どもは社会で成功する確率が高くなります。一方で、貧しい家庭は、子どもに対して十分な教育を施すことができず、子どもが社会で成功する確率は、相対的に見ると裕福な家庭の子より低くなります。

すると、裕福な家庭からは新たな裕福な家庭が出現し、貧しい家庭からは新たな貧しい家庭が出現することになり、結局、裕福な家系と貧しい家系が続くことになります。このようにして経済格差は固定化されます。

こうなってしまうと、そもそも貧しい家庭に生まれてしまった時点で、裕福になることは非常に困難になります。もちろん不可能ではないかも知れませんが、周りからの助けを借りずにそれを実現するためには、並大抵の努力では足らないでしょう。

また、経済格差以外に目を向ければ、本人の努力では決して挽回することのできない、よりシリアスな問題も存在します。たとえば、児童虐待です。

もともと「親ガチャ」は、児童虐待のサバイバーによって語られた言葉である、と言われています。虐待を行う家庭に生まれてしまった子どもが、本人の努力によって、親からの虐待を阻止することは、どう考えても不可能です。虐待の体験はその後の人生に非常に大きな影響を与えます。その影響もやはり、本人が努力によってどうこうできるほど、簡単なものではありません。

児童虐待の問題は、近年、深刻化の一途を辿っています。厚生労働省によって公開されている統計では、児童虐待相談対応件数はこの数十年の間に加速度的に増加していますし、児童虐待防止全国ネットワークが二〇二〇年四月から二〇二一年三月までに行った調査によれば、その期間に虐待によって死亡した子どものうち、全体の半数以上が〇歳です。[4]

また、二〇一六年に日本小児科学会等が行った報告では、虐待によって死に至った可能性のある子どもは年間三五〇人にのぼり、当時の厚生労働省が発表した死者の件数との間に開きがあることから、多くの虐待死が見逃されている可能性が訴えられています。[5]

こうした諸問題が重なり合って、「親ガチャ」という言葉が多くの人々から支持される社会状況が形成されてきたのではないでしょうか。私たちは、自分の努力で運命を変えようと思っても、そんな希望を打ち砕くような現実を見せつけられているのかも知れません。あるいはずっとそこにあった残酷な現実に、気づき始めているのかも知れません。

松本人志「人生は全部ガチャ」

著名人のなかには、「親ガチャ」という概念に違和感を表明し、それに対する異論を唱えた人もいます。

たとえばお笑いコンビ「ダウンタウン」の松本人志は、二〇二一年九月一九日に放送されたフジテレビ系「ワイドナショー」のなかで、「親ガチャ」に関して「これたぶん若い人たちがもっと軽やかな感じで遊んでた出来事、言葉なんですよ」と説明しました。その上で、「これを変に社会現象にしようと思って、大人たちが取り上げると、どんどんシリアスになっていって、面白くなくなっていっていますよね」と指摘しました。

松本によれば、「親ガチャ」はあくまでも戯言《ざれごと》であり、そうしたものとして扱われるべき言葉です。それが戯言であるという了解が忘れられ、何かの社会的な現実を指し示すものとして理解された瞬間に、この言葉のもともとの意味は失われてしまいます。

たしかに、「親ガチャ」が単に悲愴な概念ではなく、ある種のアイロニーを伴った言葉であることは否めないでしょう。そうであるとしても、「親ガチャ」という言葉には、真剣に受け取るべき課題が示唆されているのではないでしょうか。しかし、松本はそうは考えません。彼によれば、この言葉を真剣に受け止めた瞬間に、それが破綻した概念であることが明らかになるからです。彼は次のように指摘します。

それ言い出したら、全部がガチャで。子どもガチャもあるやろし、ペットにしたって、こんな奴に飼われたかっていう飼い主ガチャもあるでしょうし、家電ガチャもありますよ。「また外れた。しょっちゅう壊れるな、こいつ」みたいなのもあるし、担任ガチャもあるし。6

この松本の主張は、「親ガチャ」という概念に寄せられる、もっとも典型的な批判の一つです。そのため、少し細かく、この主張がどのような構造をしているのかを分析してみましょう。彼の主張は果たしてどこまで正しいのでしょうか。

第一に松本は、「親ガチャ」を同じように並び立つ様々な「ガチャ」と同列に位置づけています。人生において起こることはすべてが「ガチャ」であり、「親ガチャ」もその一つに過ぎない、ということです。

たとえば「子ガチャ」は、生まれてくる子どもがどんな特性を持っているか分からない、ということを指しているでしょう。また「家電ガチャ」は、買った家電がちゃんと望み通りの働きをしてくれるか分からない、ということを指しているでしょう。そうした、事前にはすべてを知り尽くすことができない選択の一つとして、「親ガチャ」があると捉えているのです。

しかし、本当にそうでしょうか。筆者はそのようには考えません。確かに人生には様々な「ガチャ」があります。しかし、そのなかでも「親ガチャ」には、無視することのできない独自性があるはずです。

まず挙げられるのは、その「ガチャ」によってもたらされた影響を、後からやり直すことができない、ということです。「家電ガチャ」であれば、選択をやり直すことができます。もう一度、別の商品を購入すればよいからです。一方で、貧しい家庭に生まれ、十分な教育を受けられなかった子どもが、その経済的な条件を挽回するのは、家電ガチャとは比較にならないほどの困難を要します。あるいは、児童虐待を受けた子どもが、その影響に囚われずに生きていくことは、それよりもさらに困難であると言えるでしょう。

第二に、松本は「親ガチャ」を、人間が自分で選択することのできる偶然性と並列させています。彼の言葉で言えば、「子ガチャ」や「家電ガチャ」がそれに相当します。そもそも「ガチャ」は、レバーを回さなければ玩具やアイテムを引き当てられないのであり、そこには偶然性を選択するという主体性が要求されます。レバーを回すのは自分であり、レバーの結果が何であるかは選べないにしても、とにかくレバーを回すか回さないかは選べるのです。このように、偶然性に支配された選択の機会が人生に幾度もあることは、確かに真実でしょう。

しかし、それらの「ガチャ」と、「親ガチャ」を並列させることはできません。なぜなら子どもにとって、この世界に生まれてくることを自分で選択することは、そもそもできないからです。

生まれてくるということ——すなわち出生は、一方的に与えられる帰結なのであり、それに対して私たちにはいかなる主体性も与えられていません。私たちには、「子ガチャ」のレバーをひねることを選べたとしても、「親ガチャ」のレバーをひねることはできません。そこにはいかなる選択の余地もないのです。

松本が述べるように、人生は様々な偶然にさらされています。そうした偶然を受け入れながら、自分の人生を形作っていく——彼は、それが常識的な人生観である、と言いたいのかも知れません。筆者もそのこと自体には賛成です。しかし、「親ガチャ」に見られる出生の偶然性は、人生のなかで起こる様々な偶然とは、やはり一線を画したものであるように思えます。両者の間にある違いを無視することは、私たちの社会が遭遇している深刻な社会問題を、むしろ矮小化することになるのではないでしょうか。

もっと単純に言ってみましょう。たとえ人生が無数の偶然に左右され、そのほとんどが仕方ない現実だとしても、生まれた家庭によって将来の経済状況が決定される社会は、やはり間違っているのです。そこから目を背けることは、苦境に陥った人々に追い討ちをかける、非情な自己責任論と紙一重なのではないでしょうか。

若者の宿命論

私たちは、自分がこの世界に生まれてくるということを、自分では選択できない――そうした出生の偶然性は、ある意味で、人生において起こりうる様々な偶然性を超えた、もっとも根源的な偶然性です。ここから私たちは次のように考えるよう誘惑されます。すなわち、人生に起こりうる様々な偶然性は、結局はすべて出生の偶然性に飲み込まれてしまう、したがって出生の偶然性を覆すような出来事は、一度始まってしまった人生の中では、決して起こらない、ということです。親ガチャ的厭世観もまた、そうした発想と繋がっているのではないでしょうか。

社会学者の土井隆義は、そうした人生観を、現代社会に特有なある種の宿命論として説明します。

親ガチャは、さまざまな偶然の結果の積み重ねではなく、出生時の諸条件に規定された必然の帰結として、自らの人生を捉える宿命論的な人生観です。親ガチャにおいて偶然に依拠しているのは、出生時の諸条件だけです。以後の人生は、すべてそれに規定されているのです。[7]

ここにも「親ガチャ」という概念をそれ以外の偶然性から区別する特徴が示されています。「子ガチャ」や「家電ガチャ」は、単に、子どもを選べない、家電を選べないということを意味するに留まります。しかし「親ガチャ」は、単に親を選べないということではなく、それ以外のすべてが選べない、ということを意味するのです。

もっとも、これはあくまでも一つの人生観であって、科学的な真実などではありません。したがって「親ガチャ」的な人生観を生きる人は、あえてその人生観を選択し、それによって自分自身の人生を理解しようとしているのです。では、なぜ、そうした人生観が選ばれるのでしょうか。なぜ、別の人生観ではなく、わざわざ「親ガチャ」という発想で自分を捉えようとするのでしょうか。

土井はその理由を、私たちがどのように自らのアイデンティティを形成するのか、という点にまで遡って説明しています。

土井によれば、私たちは常に、自分とは何者であるかを意識しながら生きています。自分はこういう人間である、自分にはこういうことができる、という考えが、「自己像」として私たちのアイデンティティを支えています。

しかしこうした自己像を自分一人で作り上げることはできません。自己像とは、常に、「私」を取り巻く他者から承認されることで、はじめて確かなものになるからです。「私」が他者との関係のなかで自己像を育むことができる空間を、土井は「居場所」と呼びます。

居場所とは、「私」がそこにいてもいいと思える場所、「私」が他者とともにそこに帰属することが許される場所です。私たちは他者とともに居場所を持つことで、はじめて、自己像を健全な仕方で作り上げることができるのです。

しかし、経済格差の固定化によって苦境に陥った人々は、そうした居場所を奪われ、孤立し、ひとりぼっちに陥ってしまいます。彼らは、居場所に帰属して他者から承認を得ることができなくなり、自己像を確立させることができなくなります。それは、言い換えるなら、自分が何者であるのか分からない、自分に何ができ、何ができないのかが分からない、という不安定な状態です。

この自己像の不安定化は、普通の人間には耐えられない状態です。だからこそ人間は、自分がどのような環境に生まれてきたのか、ということによって、自分を語ろうとします。土井はこの「親ガチャ」的人生観における自己理解を、「自己像の固定化」と呼びます。

自分は貧しい家庭に生まれたから、ずっと貧しいままなんだ――そうした形で、出生の条件だけが自己像を形成する要因になってしまったからこそ、孤立した人々、苦境に陥った人々の間で、「親ガチャ」的人生観が伝染していった。土井はそう説明するのです。彼らは、自分がどこかの居場所に帰属し、自己像が刷新されうるという可能性を、信じることができません。目の前に新しいチャンスが転がり込んできても、そこに一歩を踏み出すことができないのです。

このように自己像の固定化がさらに強化される悪循環を、土井は次のように表現しています。

若年層の自殺率の高さの背後には、親ガチャという言葉に象徴される決定論的な人生観の広がりも潜んでいることに気づきます。それは、経済格差を媒介として、居場所の喪失と密接に結びついているからです。決定論的な人生観が居場所の喪失を加速させると同時に、その居場所の喪失が自己像を硬直化させ、決定論的な人生観をさらに根深いものへと変質させているのです。[8]

土井の主張を整理するとこうなります。現代社会の若者は居場所を失っている。居場所がないことによって自己像を確立できなくなっている。自己像が確立できないから「親ガチャ」的な決定論的人生観が出現する。そして、決定論的人生観に囚われているから新しい居場所を形成することもできなくなっている、ということです。

ところで、ここで「決定論」という概念が登場しました。これは、親ガチャをめぐる問題を哲学的に考える際に、非常に重要なキーワードになります。今後の議論でも再び検討しますが、今は、「すべてのことが生まれたときの条件によって決まってしまっていること」くらいに理解しておいてください。

すべての人生を「当たり」に?

土井の分析は、「親ガチャ」という概念が出現した状況を分析する議論として、多くの点で説得的です。特にそこで注目するべきなのは、社会のなかで苦境に陥った人々、居場所を奪われ、孤立した人々が、決定論的人生観に陥ってしまう、と述べられていることでしょう。

宿命論そのものは、人々を苦しみへと――土井の問題関心に引き付けるなら、自殺へと駆り立てるものではありません。それがある種の絶望をもたらすのは、自分が置かれている状況を「変えたい」のに変えられないから、ではないでしょうか。自分の置かれている状況を変えたいと強く願うのは、苦しい状況に置かれている人々、苦境に陥っている人々でしょう。宿命論そのものが人々を自殺へと駆り立てているのではなく、苦境に陥った人々が宿命論を抱かざるをえないからこそ、由々しき形で人々の心を毒していくのです。

本書の序章でも述べた通り、親ガチャには「当たり」と「外れ」の違いが構造的に含まれています。そして、親ガチャ的な人間観を取るのは、自分は外れたと思う人々、すなわち苦境に陥っている人々です。だからこそ、親ガチャ的な決定論的人生観は、厭世観なのです。

しかし、その「当たり」と「外れ」はどのように線引きされるのでしょうか。誰がどのような権限で決定するものなのでしょうか。
脳科学者の茂木健一郎は、この問題に対して次のような説を唱えています。たしかに人生はやり直しのきかない偶然の帰結である。しかしその帰結が「当たり」であるか「外れ」であるかを判定するのは、あくまでも自分自身である、というのです。彼は自身のTwitter（現X）アカウントで次のように発信しています。

「親ガチャ」という言葉を使うのが不謹慎だとか不愉快だと言っても、問題は解決しません。親の資質、経済力、学歴などがばらけるのは統計的に当たり前で、しかも何がいいか悪いかは簡単には決めつけられません。[9]

彼の考えでは、経済的に不利な立場に置かれている親のもとに生まれてくるのであったとしても、それが直ちに「外れ」を意味するわけではありません。だからこそ、次のように考えることも可能になります。

この世はすべて #ガチャ でそれを「当たり」にするのは自分

#親ガチャ #子ガチャ #自分ガチャ　すべてベストを尽くすことで「当たり」にすることができるのです。[10]

すなわち「外れ」と思われる人生であっても、本人の努力次第でそれを「当たり」に変えることができる、ということです。「当たり」か「外れ」か、という基準は、茂木にとってはあくまでも流動的で相対的なものです。それは、外側から一方的に決めつけられるものではなく、あくまでも自分自身の生き方に委ねられたものなのです。

とはいえ、それだけでは自己責任論とほとんど変わらないのではないでしょうか。いま苦境に陥り、自分の人生を「外れ」だと思っている人は、「ベスト」を尽くしていないからそう思っているんだ、自分の人生が「外れ」なのは本人の努力不足だ、と見なされるからです。もちろんそれが茂木の言いたいことではないでしょう。そうした誤解を避けるために、茂木は次のように補足しています。

すべての #親ガチャ が「当たり」になるような社会にしよう

学び成長のチャンスは、社会全体で支えるべきで、そうすれば、親の #個性 はすべて「よかった」と思える世の中になるはずです。[11]

茂木は、自分自身もベストを尽くし、社会が人々を支援することで——その具体的な内実は不明ですが——すべての人々が自分の人生を「当たり」だと思える社会になる、と考えています。

筆者は、親ガチャ的厭世観の問題を乗り越えるために、社会からの支援が必要であるという点については、茂木に同意します。しかし、いくつかの点については、賛同することができません。

第一に、茂木による「ガチャ」の理解は不適切です。前述の通り、ガチャには構造的に「当たり」と「外れ」の区分が含まれています。当たりしかないガチャは存在しないし、外れしかないガチャも存在しないのです。

茂木の理想が、誰もが自分の人生を「外れ」だと思わないような社会であることは、共感できます。しかし、すべてが「当たり」なのであれば、それはもはや「ガチャ」ではありません。茂木はシンプルに、「この世はすべて偶然」と言えばいいのであって、「この世はすべてガチャ」というのは、この場合には不適切です。

それは、実際には「外れ」を引いている人がいるのに、「でもそれは見方によっては当たりだよ」「それを当たりだと思えないのは君の視野が狭いからだよ」といった欺瞞《ぎまん》を苦しんでいる人に強い、その苦しみを覆い隠し、見えないようにする危険性さえ孕んでいるのではないでしょうか。

第二に、茂木の発想はあまりにも相対主義的です。自分の人生を「当たり」と見なすか「外れ」と見なすかは本人次第――それが彼の主張です。しかし、では虐待をする親のもとに生まれてくることも、見方を変えれば「当たり」なのであり、そう思えないのは本人の努力不足なのでしょうか。少なくとも筆者にとって、それはまったく許容不可能な考え方です。

もちろん、茂木は次のように反論するでしょう。虐待こそ社会からの支援によって解決されるべき問題であり、自分はそれを容認しているわけではない、と。しかし、そうであれば「当たり」か「外れ」かを決めるものは、やはり本人の努力ではない、ということになるでしょう。

どんなガチャを引いても豊かに生きられる社会

作家の乙武洋匡《おとたけひろただ》は、「外れ」を引いた人々に対して次のような言葉が投げかけられることに対して、違和感を表明しています。

「ある人は『〝親ガチャ〟に外れた』と言い、ある人は『〝肉体ガチャ〟に外れた』と言う。でも、自分で選べない初期設定など数多くあり、そのすべてで大当たりなどという人はまずいない。みんな大なり小なり、何かしらのガチャで外れを引いてるのだから、あまりくよくよせずに前向きに生きていくべきだ」[12]

乙武は先天性四肢欠損という障害とともに生きています。彼はこの文章のなかで、教育熱心な両親のもとに生まれたという意味で、自分が「親ガチャ」に恵まれたとしながらも、「肉体ガチャ」においては「大外れ」を引いたと述べています。

右に引用した発言――乙武によって挙げられる、「大外れ」を引いた人に対して向けられる典型的な発言――は、「外れ」を引いてしまった人生を肯定するために、本人が「前向き」になることが必要だと言っています。これは前述の茂木の発想と似たものです。しかし乙武はこのような発想の危険性を指摘しています。

「気にするな」とか「頑張ってね」とか、精神論で物事を解決しようとすることには、つねに危うさがつきまとう。それは問題を「個人が解決すべきこと」に帰結させてしまうからだ。[13]

では、精神論では解決できないのだとしたら、親ガチャ的厭世観はどのように解決されるべきなのでしょうか。乙武の考え方はシンプルです。すなわち、それはあくまでも社会が解決するべき課題である、ということです。

たとえば彼は、奨学金やバリアフリーなど、社会保障の充実を訴えます。それによって、どのような条件のもとに生まれてきたとしても、極端な苦境に陥らずに生きることができるからです。そうした社会保障は、「当たり」と「外れ」を一元化せず、様々な条件で生きることを可能にします。

乙武は社会保障を、「初期設定の違い」を是正する方法として説明します。それは同時に、人々に対して多様な選択肢を提供することでもあるのです。彼は次のように述べます。

私は、誰がどんなガチャを引いても豊かに生きられる社会にしていきたい。「いろいろ違いはあるけれど、どのガチャを引いても魅力的だよね」という社会にしていきたい。それには、とにかく世の中の選択肢を増やすことだ。「これしか許されない」というメニューが限られた社会では、そのメニューに適した初期設定の人だけがオイシイ思いをし、そうでない人は割りを食ってしまう。つまり、〝外れガチャ〟を引く人が出てきてしまう。[14]

乙武は茂木と同様に、親ガチャ的厭世観の問題を解決するためには、社会によって画定される「当たり」と「外れ」の基準を変えていく必要がある、と考えています。しかし彼は、茂木よりも強く、それが社会によって果たされるべき課題である、と主張するのです。

社会に連帯を作り出すには

本章ではこれまで、親ガチャ的厭世観とは何か、という問題について、色々な角度から検討してきました。改めて、分かってきたことを要約しておきましょう。

　親ガチャ的厭世観とは、苦境に陥った人々が、自分の人生を理解するために選択する、一つの宿命論です。自分が偶然に生まれてきた家庭環境によって、その後の人生がどのようなものであるかが完全に決定されている、という考え方であり、それに従う限り、出生時の条件の影響を後から変えることはできません。

　そのため、苦境に陥った人は、生まれた家庭によってその苦境に陥ることがあらかじめ決定されていたのであり、それを変えることができなかったのは、自分のせいではない、と考えるようになります。

　このような厭世観が普及した背景には、経済格差の固定化などによって、自分の人生を自分で変えられるという自信が私たちから失われていった、という社会的な情勢の変化が指摘されています。どうあがいても自分の人生を好転させられない状況が、ある種の宿命論を誘発するのです。

　しかし、それは同時に、今後も決して自分の人生を好転させることができない、と自分自身に思い込ませることになりますし、より深い精神的な苦境、人生への絶望が引き起こされる可能性もあります。

この意味で、親ガチャ的厭世観を考えるときには、次のような二つの視点を携えていく必要があります。

第一に、それは苦境に陥った人々が、自分の苦境を理解するために選び取るものだ、ということです。親ガチャ的厭世観の根本的な問題は、その人にそう考えさせ、そう考えでもしなければ生きていくことさえままならなくさせている、苦境のほうにあるのです。

そうした苦境を解決することなしに、親ガチャ的厭世観を克服することはできません。まして、それを個人の性格へと矮小化することは、問題の解決を困難にするだけではなく、苦しんでいる人に非情な自己責任論を突き付け、さらなる追い討ちをかけることになるでしょう。

第二に、一方で、親ガチャ的厭世観を取ること自体が、新たな苦境を呼び起こす可能性もある、ということです。この厭世観を取らなければ決して陥ることのなかった、新たな絶望をもたらしうるからです。だからこそ、人々はやはり親ガチャ的厭世観から解放されなければなりません。それは、今ある苦しみを癒してくれるものではなく、自分自身をさらに毒し、さらに追い詰めていく人生観だからです。

では、この問題をどのように解決するべきなのでしょうか。取るべき方向性は明確です。親ガチャ的厭世観は苦境に陥ることによって生まれるのだから、社会がその苦境を取り除くこと、つまり社会保障を充実させることが、解決策になるでしょう。しかし、この解決策を推進するためには、別の難問が立ち現れます。

社会保障を充実させる、これはつまり、税金を再配分する、ということを意味します。累進課税制度が導入されているわが国では、苦境に陥っていない人々、すなわち社会で成功した人々からより多くの税金が徴収されます。しかし、なぜ社会で成功した人々が、苦境に陥っている人々のために、お金を差し出さなければならないのでしょうか。

これは、社会で成功した人々と、苦境に陥った人々の間に、どのようにして連帯を作り出すか、という問題でもあります。その実現は困難です。なぜなら、本書の序章でも述べた通り、苦境に陥った人々が取る宿命論は、社会で成功した人々にとって、その功績を否定するメッセージになりえるからです。

つまり、親ガチャ的厭世観を乗り越えるための根本的な課題は、どのようにして社会の連帯を作り出すか、という点に帰着するでしょう。本書もまた、最終的なその難問に取り組まなければならなくなります。

とはいえ、私たちはまだ、この厭世観の全体像を概観したに過ぎません。そうした根本的な課題に取り組むためには、もっと細やかに、もっと深く、この厭世観の本質——出生の偶然性が私たちの人生に対してもつ意味を、考えていく必要があります。

【脚注】

1 大塚玲子「「親ガチャ」を嘆く子どもたちと、〝親のせいにするな〟と口をふさぐ大人たち」『週刊女性PRIME』二〇二一年九月二三日、https://www.jprime.jp/articles/-/21992（二〇二三年八月三〇日閲覧）。

2 小学館「第6回 大辞泉が選ぶ新語大賞」二〇二一年、https://daijisen.jp/shingo/archive/archive_2021.html（二〇二三年八月三〇日閲覧）。

3 同右。

4 子ども虐待防止オレンジリボン運動「統計データ」https://www.orangeribbon.jp/about/child/data.php（二〇二三年八月三〇日閲覧）。

5 溝口史剛ほか「子どもの死亡登録・検証委員会報告　パイロット4地域における、2011年の小児死亡登録検証報告―検証から見えてきた、本邦における小児死亡の死因究明における課題」『日本小児科学会雑誌』一二〇巻三号、二〇一六年、六六二-六七二頁、https://www.jpeds.or.jp/

uploads/files/sho 120_3_P 662-672.pdf（二〇二三年八月三〇日閲覧）。

6「松本人志「親ガチャ」に持論「若い人たちが軽やかな感じで遊んでた言葉」」『スポニチアネックス』二〇二一年九月一九日、https://www.sponichi.co.jp/entertainment/news/2021/09/19/kiji/20210919 s 00041000248000 c.html（二〇二三年八月三〇日閲覧）。

7 池田清彦ほか『親ガチャという病』宝島社新書、二〇二二年。

8 同右。

9 茂木健一郎「#親ガチャ は親のせいでも子どものせいでもない「親ガチャ」という言葉を使うのが不謹慎だとか不愉快だと言っても、問題は解決しません。親の資質、経済力、学歴などがばらけるのは統計的に当たり前で、しかも何がいいか悪いかは簡単には決めつけられません。」二〇二一年九月一五日、Retrieved from.https://twitter.com/kenichiromogi/status/1437918125052203013（二〇二三年八月三〇日閲覧）。

10 茂木健一郎「この世はすべて #ガチャ でそれを「当たり」にするのは自分　#親ガチャ #子ガチャ　#自分ガチャ　すべてベストを尽くすことで「当たり」にすることができるのです。　#もぎけんの情熱脳教室 #茂木健一郎」二〇二一年一〇月一日、Retrieved from.https://twitter.com/kenichiromogi/status/1443724055526326273（二〇二三年八月三〇日閲覧）。

11 茂木健一郎「すべての #親ガチャ が「当たり」になるような社会にしよう　学び成長のチャンスは、社会全体で支えるべきで、そうすれば、親の #個性 はすべて「よかった」と思える世の中になるはずです。　#もぎけんの情熱脳教室　#茂木健一郎」二〇二一年九月二一日、Retrieved from. https://twitter.com/kenichiromogi/status/1440319676907544576（二〇二三年八月三〇日閲覧）。

12　乙武洋匡「〝親ガチャ〟に外れた」と嘆くみなさんへ。」二〇二一年九月一四日、https://note.com/h_ototake/n/n44191b48843d（二〇二三年八月三〇日閲覧）。

13、14　同右。

第2章

「無敵の人」の自暴自棄

親ガチャ的厭世観は、苦境に陥った人々によって、自らの苦しみへの対処として選び取られるものです。しかし、同時にそれはより深い精神的な苦境を引き起こすようにも思えます。それは、一言で表せば、どんなに努力しても自分の人生を変えることはできない、というある種の絶望です。そうした感覚に蝕まれていけば、苦しみはより癒しがたいものになっていきます。

それだけではありません。絶望がもたらす否定の力は、自分自身へ向かうだけではなく、外側へと反転しうるのです。宿命論のもつ攻撃性は、場合によっては周囲の人々を傷つけ、犯罪となって姿を現すことさえあるかも知れません。

もちろん、親ガチャ的厭世観を取る人々が、すべて、犯罪者予備軍だと言いたいわけではありません。問題は、親ガチャ的厭世観によって蝕まれることが、他者と共に生きるために求められる、ある種の自制心を壊してしまうかも知れない、ということです。そしてそれは、そうした人々が社会のなかで生きることをより困難にし、孤立を促進することにもなりかねません。

本章では、親ガチャ的厭世観がもたらす絶望が他者への攻撃性となって発露する可能性について、秋葉原通り魔事件を事例にしながら考えてみたいと思います。

秋葉原通り魔事件

二〇〇八年六月八日、東京都秋葉原で通り魔事件が起きました。通称、秋葉原通り魔事件と呼ばれるこの事件では、七人の市民が殺害され、一〇人が負傷しました。人通りの多い歩行者天国で、白昼堂々と起こされた事件でした。ショッキングなニュースとして大々的に報じられ、世論に非常に大きな影響を与えたことで知られています。

事件の詳細を追ってみましょう。犯行は一二時三〇分過ぎに行われました。犯人である加藤智大《ともひろ》は、二トントラックで歩行者天国に侵入し、歩行者を次々とはねた後、下車してナイフを取り出し、居合わせた人々を無差別に刺しました。そして、通報を受け駆け付けた警察官に取り押さえられ、現行犯逮捕されました。

なぜ、加藤は凶行に及んだのでしょうか。彼の犯行の動機を明らかにしようと、多くのメディアが彼の素性を探り、毎日のように様々な報道がなされました。

加藤は、当時二五歳でした。二〇〇七年の一月から、運送会社に運転手として就職し、四月一日付で正社員として雇用されていましたが、九月に退職し、十一月に派遣会社と契約して工場に勤務していました。このころから、インターネット上の掲示板に深入りするようになっていったといいます。翌二〇〇八年五月ごろから、掲示板に自身のなりすましが現れ、いわゆる「荒らし」と呼ばれる事象が起きました。

自分の居場所を奪われたように感じた彼は、掲示板に通り魔事件を起こすことをほのめかすような投稿をするようになります。そして六月、無断欠勤してそのまま職場を放棄し、予告通りに犯行に及びました。これらが、加藤が事件を引き起こした、直接的な動機であると見なされています。

掲示板という居場所が奪われ、自分の存在が無視されたことに憤り、「大きな事件」を起こして自分の存在を認めさせようと思い立った――それは、掲示板を荒らした心無い人々への復讐でもありました。検察側は、「個人的な不満や怒りを、見ず知らずの人々への無差別殺傷で解消しようとした。犯行動機はあまりに身勝手で自己中心的と言うほかない」と述べ、死刑を求刑しました。

当時から、加藤が犯行に及んだ背景として、彼の人間関係の乏しさ、社会的孤立を指摘する声がありました。しかし、実際には彼には友達が複数人いましたし、友達と会うためによく旅行もしていました。事件当日も、元職場の友達と会っていたといいます。

彼の人間関係に問題があったとしたら、それは、現実の友達がいるにもかかわらず、ネット上の掲示板にしか居場所を感じられなかった、という点にあります。言い換えるなら、現実の友達との繋がりは、彼にとって居場所になりえなかったのです。

なぜ、彼は現実の友達との繋がりに自分の居場所を見出せなかったのでしょうか。おそらくそれは、彼にとって現実の人間関係が、どこか演技じみたもの、いわばフィクションのようなものに感じられたからではないでしょうか。そこで交わされるコミュニケーションは、あくまでも本音を隠したまま演じられるもの、すなわち「建前」に留まるものだったのです。それに対して、彼が本音を吐露できる場所、ありのままの自分でいられる場所は、インターネットの世界、掲示板の世界だけでした。

このような彼の価値観の裏側には、「現実の世界では本音を言っても相手に聴いてもらえないだろう、無視されるだけだろう」という、ある種の諦念《ていねん》が潜んでいます。

加藤自身は、自らの性格を形成した要因として、両親からの教育を挙げています。彼は、母親から非常に厳しい育てられ方をし、虐待に等しいしつけを受けていました。被告人質問では、「(学校に提出する絵や作文は)いつも母親に直されて自分の作品じゃなかった。進路も小学校低学年の時から北海道大工学部と決められていた」と話したといいます。[15]

二〇一一年三月二四日、東京地裁は、殺人・殺人未遂・公務執行妨害・銃刀法違反の罪で、加藤に対して死刑を言い渡しました。翌年、弁護側は最高裁判所へ上告しましたが、二〇一五年、最高裁によって上告は棄却され、死刑が確定しました。二〇二二年七月二六日、死刑が執行されました。享年三九でした。

「無敵の人」の二つの側面

この事件の直後から、インターネット上では「無敵の人」というキーワードが流行するようになります。一般的にこの言葉を広めたのは、匿名掲示板「2ch.sc」（2ちゃんねる）の開設者として知られる「ひろゆき」こと西村博之です。ここでは、彼の社会的なキャラクター性などを考慮して、あえて「ひろゆき」と記します。

ひろゆきは二〇〇八年六月に次のような投稿をしています。少し長いですが、そのまま引用しましょう。

逮捕されると、職を失ったり、社会的信用が下がったりします。

元々、無職で社会的信用が皆無の人にとっては逮捕というのは、なんのリスクにもならないのですね。

〔……中略……〕

そんなわけで、刑罰がリスクだと思わない人たちというのが存在しているのが現代の社会。
日本が法治国家であり、人権を尊重する限り、彼らが逮捕を恐れる可能性は少ないわけです。

一昔前までは、社会的信用の無い人の発言力は居酒屋で騒いだり、雑誌に投稿したりするぐらいしかなかったので、社会的影響力が少なかったのですね。
でも、現在はインターネットを使った犯行予告をすることで、警察官を特定の場所に動員したり、飛行機を遅らせたり、警備員を走らせたりするぐらいの発言力が手に入ってしまっているわけです。

彼らは、それなりの社会的影響力を行使できる状態にあるのですね。

でも、欲望のままに野蛮な行動をする彼らを制限する手段を社会は持っていなかったりするわけです。

ちなみに個人的に、こういう人を「無敵の人」と呼んでいたりします。[16]

ここでひろゆきによって定義される「無敵の人」には二つの側面があります。

一つは、「無敵の人」には社会的信用がないということ、そしてもう一つは、インターネットによって大きな社会的影響を与えることができる、ということです。彼の考えでは、両者はともに、犯罪の防止を困難にさせる要素です。

第一の側面は、人間が犯罪をしてはならないと考える心理的な制約の無効化です。人が犯罪を思い留まる理由の一つが、社会的な信用を失うことへの不安であるとしたら、信用を最初から得ていない人は、決してそのような形で犯罪を思い留まらないからです。

また第二の側面は、犯罪を予防するための技術的なコストの増大です。インターネットが社会に及ぼす影響を本気で取り締まろうとすれば、膨大な費用と時間がかかり、しかも取り締まりもハッカーによって簡単に破られ、実行力を期待できないからです。

この二つの条件が重なり合うことによって、社会的信用のない人がインターネットによって犯罪をしようとするとき、それを防止する有効な手段がなくなる、という事態が起こります。こうした犯罪を企てる人は、それが何ものによっても防止されないという意味で、「無敵」なのです。

「無敵の人」を、私たちはどのように扱うべきなのでしょうか。ひろゆきが提案するのは、厳罰化です。

無敵の人が何かをしたら、無敵の人を捕まえて、一定期間だけ閉じ込めておくことは出来ますが、一定の期間が経つと無敵の人は社会に戻ることが出来るわけです。

んで、無敵の人は気が向いたときに社会を混乱させることが出来ますが、無敵の人が社会を混乱させる前に無敵の人を止めることは誰にも出来ないんですよね。

3回刑務所に入ったら死刑とか、野蛮な刑罰のような気がしますけど、こういったルールでも作らない限り、現状には対処出来ないんじゃないかなぁ、と思う昨今です。[17]

結論から言えば、筆者はこの提案には反対です。それは、彼が、「無敵の人」は本質的に「無敵の人」であり、未来永劫、社会的信用がないことを前提にしているからです。この前提は明らかに間違っています。

もしも「無敵の人」が、社会的信用の欠如によって「無敵の人」になるならば、社会的信用を回復することによって、その人を「無敵」の状態から脱却させることが可能なはずです。そのための具体策として、社会復帰を促し、新たな居場所を創出し、アイデンティティの確立を支援することが必要でしょう。

自分が他者から信頼されている、という感覚を取り戻すことができるなら、その人はすでに「無敵」ではありません。論理的に考えれば、そうした支援によって「無敵の人」の再犯は防止できるのです。

もちろん、周囲がそんな努力をしても、社会的信用を取り戻せない人もいるかも知れません。しかし私たちの社会は、そうした結論に至る前に、まだまだするべきことをしていないように思えます。

自暴自棄型犯罪の増加

いま社会的信用がなくても、これから信用を得られるという「希望」があれば、厳罰化とは異なる形で、「無敵の人」の出現を防止できるでしょう。しかしこのことを裏側から考えるなら、苦境に陥った人が「無敵の人」と化してしまうのは、そうした希望が奪われているからだ、ということでもあります。「これからも社会的信用が得られないだろう、どれだけ自分が努力をしたところで無駄だろう」という気分に飲み込まれていることが、人間を「無敵の人」へと駆り立てるのです。

そもそも希望は、自分の努力が報われると期待できるときにしか、成立しません。どんなに努力しても、その努力が報われないと予測できるとき、人は絶望します。それが、

「無敵の人」を作り出していくのです。

こうした問題は、近年の日本経済の状況と、密接に関係しています。たとえば社会学者の山田昌弘は、一九九八年以降、日本社会が巨大な絶望感に飲み込まれてきたと指摘します。この年、実質GDP成長率がマイナス一％となり、際限のない経済成長を夢見ることができた戦後の物語は無効化しました。それに代わって、今日にいたる経済の二極化が確立されることになったのです。自殺者は前年から約一万人増加し、翌年からフリーターの数が急増、雇用の非正規化が進行していきます。厳しい社会状況に囲い込まれるなかで、どれだけ努力をしても状況を変えることはできない、報われない、という諦念が若者を支配していきます。

山田は、その帰結として、「自暴自棄型の犯罪」の増加を予測しています。それは、「まったく自分の利益にならない犯罪」[18]であり、周囲から眺めると、不可解に思える犯行です。しかしその背景には、大きな犯罪でも起こさない限り、自分の置かれている状況は変わらないだろう、という絶望があるのです。

前述の通り、秋葉原通り魔事件を起こした加藤は、親からの厳しい教育の結果、「他者は自分の話を聴いてくれないだろう」という諦念を抱いていました。そしてそれが、彼を通り魔事件へと駆り立てることになりました。そこに、「自分の努力は最初から報われないだろう、何も変わらないだろう」という絶望感があることは否めません。

とはいえ、加藤の絶望を、経済格差だけに帰するのは性急でしょう。彼に絶望を抱かせたのは、雇用状況ではなく、親からの教育だったからです。実際に、彼は自分の犯行を糸口に経済格差を語ろうとする言説を、厳しく批判しています。

もちろん、教育と経済格差は連動しているでしょう。学歴がなければ企業に就職できず、そして企業に就職できなければ貧困に陥ってしまうからこそ、親は学歴にこだわって強迫的な教育をするのかも知れません。

とはいえ、それでも加藤にとって決定的だったのは、あくまでも母親からの影響です。少なくとも彼自身の認識では、母親の存在は比較を絶するほど重い意味を持っていました。彼女は、単に彼の行動を制約・強制しただけではなく、彼の性格そのものを作った――彼はそう感じていたからです。

自分の人生を引き受けられない

「自暴自棄型の犯罪」という山田の指摘は重要です。筆者の見解を加えるなら、「無敵の人」による犯罪は、何らかの苦境によって生じるのではなく、その苦境が自分の力では変えられないという無力感によってひき起こされます。この二つを区別することが重要です。もしも苦境に陥っても、自分の力でいつかその状況を変えられるなら、人間はその苦境に耐えることができます。しかし、そうした希望が失われるとき、苦境はいよいよ耐え難いものになります。筆者は、この「無力感」こそが、人々を「無敵の人」へと駆り立てる、根源的な要因ではないかと考えています。

無力感に蝕まれたとき、私たちにとって社会はどのように立ち現れるのでしょうか。おそらくそれは、いかなる変化も受け付けない一つの構造として、「私」の置かれている状況を決定するものとして、迫ってくるのではないでしょうか。

もしかすると、宝くじを買って一発逆転することはできるかも知れません。しかし、それは偶然によって状況が変わっているのであって、「私」の意志によるものではありません。もっと言えば、偶然によって多少の変化が起こること自体が、社会のシステムの必然性に組み込まれているのです。宝くじもまた、日本社会の経済システムを支えるイベントに過ぎないからです。

そしてこのことは、いま「私」が置かれている状況もまた、「私」の意志によって形成されたものではない、ということを意味します。つまり、これから「私」には状況を変えることができないだろう、というだけではなく、自分が歩んできたこれまでの人生も、実は自分で選んだものではなく、社会によってすでに決定されたものだった、ということになるのです。

いま、非正規雇用で苦しい経済状況に置かれている人たちは、自分で望んでそのような状況を選んだわけではないでしょう。彼らには、その道しか残されていなかったのであり、他に選択の余地はなかったのです。少なくとも無力感に苛まれている人にとって、人生はそのようなものとして感じられるはずです。

こうした無力感は人間関係にも波及します。加藤は、他者に対して「自分の言葉を聴いてもらえるだろう」と信じることができない自分の性格を、母親の教育のせいにしていました。つまり彼は、自分の価値観や行動指針を、自分で選択したもの、自分で意志したものと見なすのではなく、他者によって準備されたもの、形成されたものとして捉えているのです。

未来に対しても、過去に対しても、自分の意志で何かを選択することはできない——そう感じたとき、私たちには自分の人生を自分の人生として理解することができなくなります。言い換えるなら、自分の人生を引き受けることができなくなるのです。

無力感が責任を失わせる

自分の人生を自分の人生として引き受けられない。それは、言い換えるなら、自分の人生が他者に決定されたものとして理解される、ということです。そしてここから二つの帰結が導き出されます。

一つは、自分の人生に「功績」を感じられなくなる、ということです。

たとえば「私」が厳しい受験戦争に勝ち抜き、難関校に合格したとしましょう。多くの場合、「私」はそれを自分の功績だと思いたくなります。そのとき「私」は、自分の力で、自分の意志によって努力し、その結果として大学に合格したと考えようとするからです。言い換えるなら、「私」の強い意志がなければ、大学に合格できなかっただろう、と見なすことを意味します。

ところが、「私」が自分の人生を引き受けられないとき、大学に合格できたのは「私」の意志によるものではなく、「私」が置かれていた環境によるものだと理解されます。すなわち、両親が教育熱心であり、進学校や予備校に通わせたり、参考書をいくらでも買ったりできるような経済力を持っていたからこそ、「私」は大学に合格できた――そのように考えることになります。恵まれた環境のパワーに比べれば、「私」の意志が果たした役割など、ほんのささやかなものでしかありません。つまり、大学に合格できたのは「私」の功績などではなく、両親の手柄になってしまうのです。

そして、功績と同様に無効化される概念が、「責任」に他なりません。

たとえば、親から「テストのときに分からないことがあったらカンニングしなさい」と教えられて育った子どもを考えてみましょう。その親は、子どもがカンニングせずにテストで悪い点数を取りでもしたら、「なんでカンニングしなかったんだ」と言って、子どもを殴るとします。この子どもは、親の言うことを信じ、テストのときに分からないことがあったら、何の悪気もなくカンニングをするようになるでしょう。では、その責任はその子どもにあるのでしょうか。おそらくそうはならないはずです。その子どもがカンニングした責任は、その子どもをそのように育てた親にあるに違いありません。このとき子どもは、親の教育に対して無力なのであり、自分の行為に対して責任を持つことができないのです。

功績と責任は、ともに、人間の自由な意志を前提にしています。反対に、自由な意志が否定されるとき、功績も責任も成り立たなくなってしまうのです。そして経済格差や虐待の問題は、ある種の無力感を催させることで、人間から自分の人生を自分の人生として引き受ける可能性を奪ってしまいます。

「無敵の人」が起こす自暴自棄な犯罪には、そうした、自分の人生に対する無力感に基づく、特有の無責任さが伴っているように思えます。自分で恐ろしい犯行を起こしながら、どこかで、自分がその犯行を起こしている責任は、そうせざるをえない状況へと自分を追い込んだ環境にあるのであって、自分のせいではない、という感覚です。

そうした無責任さに飲み込まれるとき、人間は、いわばすでにエンディングが決定している映画を眺めるように、自分の行動を外部から静観するかのような感覚に陥るのではないでしょうか。そしてそのとき、これは他ならぬ自分の人生なのだから、大切にしなければならない、尊重しなければならないという気持ちも、湧き起こらなくなるのではないでしょうか。

「自分はどうでもいい人間」という嘆き

自暴自棄型の犯罪と、自分の人生への無力感、そしてそれに基づく無責任さの関係は、秋葉原通り魔事件の加藤のうちにも見出すことができます。

前述の通り、事件の背景には加藤の極端な価値観があり、そしてその価値観は母親からの影響によって形成されたものでした。その自己認識が、彼にとって何を意味していたのかを考えるために、彼が獄中で執筆した著書『解』における証言を見てみましょう。そこでは、何かにつけて「人のせい」にするという自らの性格について、次のように述べられています。

> 何故このようなものの考え方になったのかと考えて自分の人生をさかのぼってみましたが、最初からそうだった、としか考えられません。このような考え方に変わったきっかけになる出来事等は無く、こうして自己分析するまでは、この考え方は当たり前のこととして、何の疑問も持っていませんでした。
>
> とすると、これは幼少の頃の親、特に母親から受けた養育の結果だということになりそうですが、このように書くと、人のせいにしている、と批判されるのでしょう。[19]

つまり、自らの母親のもとに生まれてきた、ということが、彼にとって自らの性格を決定する唯一の出来事だったのです。だからこそ彼は、自分がなんでも「人のせい」にするということは、自分のせいではないと訴えます。

他に選択肢が無い私が母親のコピーになっていくのは、私の責任ではありません。確かに、その一択を拒否する手段はあります。母親を殺すか、私が自殺すればいいことです。[20]

加藤は、自分が「母親のコピー」になることは、自分の責任ではないと考えています。当然のことながら、仮に彼が言う母親からの教育がすべて事実であったとしても、それによって彼の刑事責任が相殺されることはありません。そのことは彼も理解していたはずです。そもそも彼は、犯した罪によって自分が死刑になることを予見していました。それでも犯行を思いとどまることができなかったのは、なぜなのでしょうか。その背景には、右の無責任さに基づく、自分自身への関心の希薄さが見え隠れしています。

私は、自分のことはどうでもいい人です。死にたいわけでも死刑になりたいわけでもない、と書きましたが、死にたくないわけでも死刑になりたくないわけでもありません。どうでもいい、といっても、どうなってもいい、とやぶれかぶれなのではなく、単純に、自分で自分の将来に興味が無いということです。[21]

なんでも「人のせい」にする彼は、紛れもなく無責任です。しかし、そのように無責任であること自体に、彼は責任を負いません。もしかしたら、無責任である自分がどうなろうが、その責任は自分にはない、と考えていたのかも知れません。無責任さは、自分自身への関心の希薄さと表裏をなしているのです。

親ガチャと自己効力感

秋葉原通り魔事件が起きたのは、親ガチャという言葉が流行するよりも、はるかに前のことです。しかし親ガチャを、自分の出生の偶然性によって人生が決定されるという人生観として理解するなら、両者の間には深い結びつきがあると考えられます。

「無敵の人」による犯罪が起きる背景には、自分が置かれている状況を自分の力では変えることができない、という無力感が潜んでいます。

その変えられない状況とは、「私」の出生時に与えられたガチャの帰結に他なりません。ガチャの帰結に対して「私」は無力です。一度レバーが回されてしまったら、あとはどうすることもできません。「外れ」を引いてしまった人は、死ぬまで「外れ」の人生であり、「外れ」を「当たり」に変えることはできない——だからこそその人生は、自分がそうであってほしいと望んだものでも、自分で選んだものでもありません。

もちろん、だからといって両者を同一視することはできません。親ガチャ的厭世観に苦しんでいる人が全員、「無敵の人」になるわけではありません。また、「無敵の人」になる人が全員、親ガチャ的厭世観を取っているわけでもないでしょう。しかし、両者の間に構造的な類縁性を見て取ることは、可能です。

このように考えることで、親ガチャ的厭世観のうちに潜む、新たな側面に光を当てることができるようになります。それは親ガチャ的厭世観を信じるとき、人は自分の人生を、自分の人生として、引き受けられなくなる、ということです。

自分の人生をガチャの帰結として考えるなら、一度生まれてしまった「私」は、その人生のなかで何も選択することができなくなります。「私」が何を望み、何を選ぼうと、

「私」の人生は決まっているからです。そのとき「私」にとって自分の人生は、まるで他人の人生のように眺められるでしょう。まるで自分とは関係のない、遠い世界の可哀そうな人の物語のように見えるのではないでしょうか。その様子を冷めた目で幻滅しながら眺める態度こそ、親ガチャ的厭世観なのです。

前述の通り、自分の人生を自分の人生として引き受けられない、ということは、功績と責任の概念を不可能にします。親ガチャ的厭世観に囚われている人は、自分が人生のなかで何を達成したとしても、それを自分の功績として認めることができません。あるいは、自分が他者を傷つけたとしても、その責任が自分にあるとは思えません。

功績も責任も担うことができず、自暴自棄に陥り、自尊心を失ってしまうこと——それが、親ガチャ的厭世観がもたらす精神的な苦境であるように思えます。では、この苦しみに抵抗するために必要なのは、いったい何でしょうか。

これまで考えてきたことのなかから、一つのヒントを見つけ出すことができます。それは、無力感を、つまり「自分が何をしたところで世界は変わらない」という絶望感を、解消するということです。

一般的に、無力感に苛まれることなく、自分には力があると確信できる感覚を、自己効力感と言います。自己効力感は、状況に対して積極的に働きかけ、問題を解決していくために必要な、能動的なマインドセットとして知られています。もちろんそうしたマインドを持てるなら、それに越したことはありません。

しかし、苦境に陥っている人に対して、「自己効力感を持て」と言うのは、まったくばかげています。そもそもそうした人は、自分の力では変えることができない状況に飲み込まれ、だからこそ苦しんでいるからです。経済格差や虐待によって苛まれている人々に対して、自分の力で状況を変えてみろと言っても、それは無理な話です。では、どうしたらよいのでしょうか。

本書はこの問題を、第5章と第6章で、それぞれ別の角度から再び取り上げます。本章では、さしあたりの論点の整理として、秋葉原通り魔事件が発生したあと、知識人たちによって語られてきた対策を眺めておきたいと思います。

保障か、包摂か

秋葉原通り魔事件は日本社会に衝撃を与え、世間を震撼させました。その影響は様々な具体的対策を講じさせることになりました。犯行現場となった大通りでは、約二年半にわたって歩行者天国が廃止されました。また、犯人がダガーナイフと呼ばれる刃物で殺害を行ったことから、銃刀法が改正され、所持できる刃物の種類に強い規制がかかることになりました。

これらの対策は、犯行に及ぶ手段を封じるものであり、重要な施策です。しかし、犯行手段を奪うだけでは、「無敵の人」は今後も存在し続けることになります。もしも彼らが別の手段を発見してしまったら、それまで誰も想像しなかったような形で、再び悲惨な事件が起きかねません。そうであるとしたら、防犯対策を強化することは、本質的な解決策ではありません。むしろ、私たちが考えなければならないのは、そもそも「無敵の人」を作り出さないこと、人間をそうした加害者へと駆り立てる要因を排除することでしょう。

このような観点からなされる対策には、大きく分けて、二つの路線が考えられます。一つは、社会保障を充実させて、社会的信用がなくても生きていけるようにすること、そしてもう一つは、社会的包摂を促進し、人々に社会的信用を取り戻させることです。

前者の路線を代表する論客として、経済学者の竹中平蔵を挙げることができます。近年、彼は「無敵の人」の出現を防止するために、社会保障を充実させ、無職であっても生活できる体制を構築することが必要である、と訴えています。[22]

彼が提案するのは、ベーシックインカムのシステムです。ベーシックインカムとは、すべての国民に対して一定の金額を定期的に給付する制度であり、それによって国民の基礎的な所得を保障することで、たとえ無職になったとしても、貧困によって生活が不可能になることを免れることができます。

社会的信用のない人が自暴自棄になるのは、信用の欠如が生活に大きな困難をもたらすからです。職場で人間関係を構築できず、自らそこを去ってしまったり、あるいは追放されたりして、収入が得られなくなってしまう――だからこそ、自暴自棄へと陥っていくのです。そうであるとすれば、たとえ職に就くことなく、人間関係を構築しなくても生活できる社会になれば、人が自暴自棄になる必要もなくなるのではないか。それが、社会保障によって「無敵の人」の出現を阻止するという発想です。

こうした保障路線に対して、包摂を重視する路線を代表するのは、社会学者の宮台真司でしょう。彼は、秋葉原通り魔事件の背景として、「格差社会が悪いというより、格差程度で行き詰まる社会的包摂性のなさが悪い」と指摘し、また加藤に関しても次のように指摘しています。

厳しい家庭で優等生として孤独に過ごした加藤容疑者は、進学上の「敗北」を過大に受けとって「挫折」した。成績よりも友達がいないことを心配しない大人のダメさに問題を感じる。ネットの影響やＰＣゲームの影響を持ち出すのは笑止である。[23]

すなわち宮台によれば、社会的信用の欠如が「無敵の人」の出現を促すのだとしても、間違っているのは信用を得られない本人ではなく、そんなにも簡単に信用が失われてしまう社会のほうである、ということになります。他者を信じられなくなった社会、常に他者を疑ってかかる社会、ちょっとした失敗も許すことができなくなり、不安分子は排除したり封印したりしようとする社会が、間違っているというのです。

そうではなく、同じ社会に生きる人であれば、「仲間」として迎え入れ、関係性を構築していこう、というのが、宮台の訴える対策です。具体的には、家庭と国家の間にあるコミュニティの機能を強化し、自分が帰属することのできる居場所を創出し、コミュニティのなかで誰もが他者と関わりながら共生していく――そうした社会が実現されるなら、自ずと「無敵の人」も現れなくなるだろう、それが包摂を重視する路線の基本的な発想です。

保障路線と包摂路線は、多くの点で重なり合うとはいえ、基本的には対立する考え方です。保障を重視するとき、そこに思い描かれているのは、誰からも信用されなくても生きていける社会であり、したがって、誰もが他者を疑ってかかってもよい社会です。一方、包摂路線にあるのは、誰もが他者を信用しているけれども、一度その信用を完全に失ってしまったら、それが致命傷となるような社会です。

もちろん、現実的には両方のバランスを取った対策が求められるはずです。しかし、私たちはどちらの社会に住みたいと思うのか、それを一度真剣に考えてみる必要があるでしょう。

苦境に陥っている人に対して、社会はどのように対応するべきなのか、そしてその対応は、自分の人生を引き受けるという態度と、どのように整合させるべきなのか——これもまた、親ガチャ的厭世観を考える上で、重要な問題です。この問題については、改めて考察したいと思います。

【脚注】

15「事件がわかる：秋葉原通り魔事件」毎日新聞二〇二二年五月一九日、https://mainichi.jp/articles/20220517/osg/00m/040/001000d#03（二〇二二年一二月二九日閲覧）。
16 ひろゆき@オープンSNS「無敵の人の増加。」『教えて君コミュニティー【ASKS?・】』二〇〇八年六月三〇日、http://hiro.asks.jp/46756.html（二〇二三年五月三日閲覧）。
17 同右。
18 山田昌弘『希望格差社会――「負け組」の絶望感が日本を引き裂く』ちくま文庫、二〇〇七年。
19 加藤智大『解』批評社、二〇一二年。
20、21 同右。
22「竹中平蔵氏、刑罰による抑止力が効かない〝無敵の人〟対策は「ベーシック・インカムによって下部構造を豊かに」」『ABEMA TIMES』二〇二二年八月一六日、https://times.abema.tv/articles/-/10035414（二〇二三年五月三日閲覧）。
23 宮台真司『日本の難点』幻冬舎新書、二〇〇九年。

第3章　反出生主義の衝撃

親ガチャ的厭世観は、現実の世界の苦境への応答であると同時に、それによってさらに深い苦境をもたらしもする――それが、前章で確認したことでした。「私」の人生が、生まれてきた家庭によって決定されるなら、生まれてしまった以上、その人生をどうすることもできません。この場合、苦境を回避するためにできることは、何もないように思えます。

しかし、厳密に考えるなら、そういうわけでもありません。ただ一つ、親ガチャ的厭世観を前提としながら、苦境を回避できる選択肢があります。それは、そもそも生まれてこないことです。最初から生まれてきさえしなければ、生まれてからは変えることのできない苦境を、免れることができるからです。

そんなばかな考えがあるか、と思われたでしょうか。ところが、近年、そもそも人間は「生まれてこないほうがよかった」と考える思想が、大きな注目を集めています。この思想は、出生に反対するという立場を取ることから、反出生主義《はんしゅっしょうしゅぎ》とも呼ばれます。

もっとも、「生まれてこないほうがよかった」という思想には、実に様々なバリエーションが存在します。そして、そのうちのいくつかは、私たちが身近に接しているサブカルチャーにも浸透しているのです。

本章では、こうした反出生主義の思想について、考えてみたいと思います。

「生まれてこないほうがよかった」――『ONE PIECE』の場合

まず、私たちの身の回りにあるサブカルチャーのなかで、「生まれてこないほうがよかった」という思想がどのように描かれているのかを確認してみましょう。最初に取り上げたいのは、尾田栄一郎の漫画、『ONE PIECE』です。

『ONE PIECE』は、海賊の世界の王を目指すモンキー・D・ルフィを船長とした、麦わら海賊団の冒険を描く少年漫画です。重厚な世界観と個性的なキャラクターが魅力で、世界的にも支持されています。近年の日本文化における最大のヒットコンテンツだと言っても過言ではないでしょう。

その中でも、屈指の人気を誇るキャラクターが、ルフィの義兄であるポートガス・D・エースです。炎を操り、派手なバトルシーンで多くの読者を魅了する彼ですが、作中では、その悲劇的な生い立ちが描かれています。

エースは、ルフィの血のつながっていない兄であり、「海賊王」であったゴールド・

ロジャー（ゴール・D・ロジャー）の息子です。ロジャーは、この物語において「大海賊時代」と呼ばれる混乱の時代を引き起こした張本人であり、伝説的な世紀の悪党として知られています。生まれたときから身寄りのなかったエースは、山賊の棟梁に引き取られ、人里離れた地で育てられました。

ある日、少年になったエースは、酒場で人々の心ない言葉を耳にします。

ゴールド・ロジャーにもし子供がいたらァ？　そりゃあ〝打ち首〟だ!!!
遺言はこう言い残して欲しいねェ　「生まれてきてすみませんゴミなのに」[24]

その罵声は幼いエースの胸に突き刺さり、それ以来彼は心を閉ざしてしまいます。幼い彼にとって、それがいかに残酷な出来事であったのかは、想像に難くありません。

『ONE PIECE』の世界において、エースは明らかに親ガチャに失敗しています。何といっても世紀の悪党を親に持ってしまったのです。その親の子どもであるというだけで、人々から命を狙われる立場にあります。彼の個人的な努力では、その境遇を変えることは不可能です。だからこそエースは、幼いながらに、「おれは……生まれてきてもよかったのかな」と自問自答します。

時が経ち、海賊として一人前の実力をつけたエースは、ルフィよりも先に海に出ます。「白ひげ海賊団」という、当代きっての巨大な一味に参加し、気鋭の海賊として名を轟かせていきました。しかし、あるとき、海軍——治安維持を担う国際的な軍事組織——に捕えられ、公開処刑されそうになってしまいます。そんなエースを救出しようと、白ひげ海賊団やルフィたちは処刑場を襲撃し、大規模な戦闘を演じることになります。ルフィに助け出されたエースですが、あと一歩のところで致命傷を受け、息を引き取ってしまいます。その刹那、彼はルフィに次のような言葉を残しました。

おれが本当に欲しかったものは…どうやら〝名声〟なんかじゃなかったんだ……おれは〝生まれてきてもよかったのか〟欲しかったのは…その答えだった……ハァ…もう…大声も出ねェ………ルフィ　おれがこれから言う言葉を……お前　後からみんなに…伝えてくれ………!!　オヤジ………!!!　みんな……!!!　そして　ルフィ……今日までこんなどうしようもねェおれを　鬼の血を引くこのおれを……!!　愛してくれて………ありがとう!!![25]

エースは、子どもの頃に周りの大人たちから浴びせられた「生まれてこないほうがよかった」という言葉を、生涯の最後に、はねのけることができました。なぜなら、彼の周りには彼を愛する仲間がいたからです。だからこそ彼は、自分がこの世界に生まれてきたことを肯定することができたのでしょう。

『ONE PIECE』には、劣悪な家庭環境に生まれたせいで、過酷な人生を強いられ、苦境に陥っているキャラクターが数多く登場します。その状況にルフィが介入し、大暴れし、苦境をもたらしている社会構造を破壊することで、苦しむ人々を解放していく――それが、この作品において繰り返される構図です。その意味で、エースは本作の特徴を代表するような存在だと言えます。

エースが「生まれてこないほうがよかった」という呪いを乗り越えられたのは、結局のところ、この言葉が他者からの評価に過ぎなかったからでしょう。だからこそ、他者からの評価が変われば、つまり他者から恨まれるのではなく、愛されることができれば、彼は自分の出生を肯定できたのです。

しかしこのことは、言い換えるなら、もしもエースが自分自身で、つまり内発的に、自分の出生を呪っていたのだとしたら、それを簡単に乗り越えることはできなかっただろう、ということをも示唆しています。その場合には、「生まれてこないほうがよかった」という呪いは、より強固なものになるはずです。

次に、そうしたケースを描いている別の作品を紹介しましょう。諫山創《いさやまはじめ》の漫画、『進撃の巨人』です。

「生まれてこないほうがよかった」――『進撃の巨人』の場合

『進撃の巨人』もまた架空の世界を舞台にした漫画であり、主人公エレン・イェーガーを中心としながら、人類の存続をめぐって繰り広げられる戦いを描いた作品です。これもまた近年の日本における超メジャーな漫画の一つと言っていいでしょう。

『ONE PIECE』とは異なり、陰鬱で残酷な雰囲気が漂い、ダークな世界観に包まれていることが、この作品の大きな特徴です。そうした雰囲気を醸し出している張本人が、エレンの宿敵であり、かつ彼の腹違いの兄である、ジーク・イェーガーでしょう。

ジークは、巨人に変身しながら何度もエレンの前に立ちはだかり、無辜《むこ》の人々を虐殺していきます。その虐殺の描写は、目を背けたくなるほど凄惨です。しかし、彼はただ残虐なだけの悪魔のような人物として描かれるわけではありません。エースと同様に、その生い立ちには悲しい過去があったのです。

ジークは、「ユミルの民」と呼ばれる少数民族の家庭に生まれました。「ユミルの民」は、この作品のなかで、特異な遺伝体質によって世界で唯一巨人に変身できる民族と考えられていました。そのため、人々は「ユミルの民」を恐れ、迫害していたのです。

ジークもまた家族とともに迫害を受けていました。居住地が指定され、行動が制限され、マジョリティから罵声を浴びせられていました（このあたりの描写は、ナチスドイツ体制下におけるユダヤ人の境遇を強く連想させます）。そうした環境にあって、彼の両親は国家転覆を図るテロリストとして地下活動をしていました。

ジークもまた、その物語の世界において、完全に親ガチャに外れています。親は迫害される少数民族であり、しかもテロリストなのです。もしも国家の治安当局にそのことが暴かれれば、両親だけではなく、ジークを含めた親族全員が処刑されます。そうであるにもかかわらず、両親はジークを革命戦士として育てるために、偏った思想教育を行っていました。

ところが、ある日、当局に彼の両親がテロリストであることが露見します。ジークは悲嘆に暮れますが、彼が信頼していた学者が、次のような助言を授けます。すなわち、ジークのほうから両親を告発し、自分の命は助けてもらうべきだ、というのです。それはジークにとって、自分の両親を当局に売ることを意味します。しかし、ジークが生き残るにはそうするしかない、そしてそうされても仕方がないほど、両親はジークを蔑ろにし、愛してこなかったんだ、と学者は説得します。

結局、学者の助言に従って、ジークは両親を告発します。それによって、両親は逮捕されますが、彼自身は生き残ることに成功します。しかし、この出来事は彼の心に深い傷を残し、彼をさらなる苦悩へと追い立てることになります。

心に傷を抱えたまま青年になったジークは、自分の人生に一つの目標を掲げることにしました。それは、「ユミルの民」をこれ以上出生させないようにすること、すなわち新たな子どもがこれ以上生まれないようにすることです。ジークは、両親を告発するよう助言をした学者に、自分の決意を次のように語ります。

これ以上「ユミルの民」が生まれてこなければ…100年が経つ頃には　この世から確実に巨人は消滅してる

もう世界は巨人の脅威に怯えたり苦しめられたりせずに済む
…何より
そもそも僕らは生まれてこなければ　苦しまなくてよかったんだ[26]

ジークはこの目標を「安楽死計画」と呼びます。そして、この計画を遂行するために、軍の中枢へと入り込んでいき、エレン達――国外にいる「ユミルの民」の生き残り達――に襲いかかるのです。

『ONE PIECE』のエースと比較するとき、『進撃の巨人』のジークの思想は、より深刻で、徹底したものであると言えます。エースは、あくまでも周囲から「生まれてこないほうがよかった」と思われていただけでした。しかしジークは、自らの意志で、自分たちは「生まれてこないほうがよかった」と考えています。おそらく、誰かにその思想を止められても、あるいは愛されることがあったとしても、彼の思想に歯止めをかけることはできないでしょう。

また、エースが向けられた罵声は、あくまでも憎しみに根差したものです。しかし、ジークが「生まれてこないほうがよかった」と思う動機は、憎しみよりも、むしろ哀れみに近いように思えます。物語のなかで、「ユミルの民」はどうしても過酷で苦痛の多い人生を送らなければなりません。ジーク自身がそうであったように。そうであるとしたら、自分と同じように苦しむ人を、これ以上生み出したくない――その意志が、ジークを突き動かしているのです。

もちろん、ジークの思想は暴力的です。たしかに彼は、「生まれてこないほうがよかった」と思わざるを得ないほどの苦痛とともに生きなければなりませんでした。しかし彼はそこから、だから自分以外の「ユミルの民」まで、生まれてこないほうがよい、と考えているのです。もしかしたら、これから生まれてくる「ユミルの民」のなかには、生まれてきてよかった、と思う人もいるかも知れません。そういう人が生まれてくる可能性を、ジークは、無理やり奪おうとしているのです。

それは間違ったことなのではないでしょうか。そうした疑問に対して、ジークはこう反論することができます。まず、この世界に「生まれてきたい」と思って生まれてくる人はいない。だから、出生を阻止するのだとしても、それはその人の権利を奪ったことにはならない。また、もしもその人がこの世界に生まれてしまった場合、非常に大きな苦痛を被ることが明らかなら、本人の同意がなくても、その人の出生を阻止することは道徳的な責任である。きっと彼はそう言うでしょう。それに対して、果たして私たちは再反論することができるでしょうか。

エレン達は、ジークとの戦いのなかで、自分たちがなぜ生まれてきたのか、生まれてきたことが本当に正しかったのかを、何度も自問自答します。この意味において『進撃の巨人』は、いわば、「生まれてこないほうがよかった」という思想との対決を描いた物語なのです。彼らがどんな結末に至ったのか――それはぜひ、ご自身の目で確かめてみてください。

ベネターの「反出生主義」

『ONE PIECE』や『進撃の巨人』といった、近年の超メジャーな日本のサブカルチャーのなかに、「生まれてこないほうがよかった」という思想が描かれていることは、偶然ではないでしょう。私たちは、心の底でそれを乗り越えようとしつつ、しかし、そうした呪いのような思想が、社会の至るところに潜んでいると感じているのではないでしょうか。

しかしこの思想は、漫画の中だけで描かれるフィクションなのではありません。近年、哲学の世界では、この思想を大真面目に基礎づけようとする試みが注目を集めているのです。それが、南アフリカの哲学者デイヴィッド・ベネター[27]によって提唱された、反出生主義という思想です。

ベネターは出生を「ロシアンルーレット」に譬えています。ロシアンルーレットとは、拳銃のシリンダーに弾を一発ないし数発込め、シリンダーを回転させてから、自分の頭を拳銃で撃つ危険なギャンブルです。撃鉄を起こした時、偶然に弾の入っている位置にシリンダーがセットされていれば、自分の頭は撃ち抜かれてしまいます。しかし、弾が発射されなければ、それまでの賭け金を自分のものにできます。同じように、人生も非常に大きな苦痛を味わう可能性を秘めたものです。

つまり、親ガチャもまた、こうしたロシアンルーレットの一つである、と考えることができるでしょう。そして、たとえば前述のジークは、明らかにこの賭けで「外れ」を引いてしまったのです。「ユミルの民」がこの世界に生まれ続ける限り、この世界には同じように「外れ」を引く人が現れ、そしてずっと苦しみ続けてしまう。だからこそ、このギャンブル――それを親ガチャと呼ぶのであれ、ロシアンルーレットと呼ぶのであれ――をそもそもやめてしまおう、この賭けから降りよう、ということが、ジークの思想だったのでしょう。生まれてこなければ、その人が「外れ」を引くこともまたないからです。

ただし、「生まれてこないほうがよかった」という思想を哲学的に考えようとすると、私たちは一つの難問に直面します。いったいどれくらい過酷な運命なら生まれてこないほうがよいのか、線引きが難しいということです。

たとえば、ジークの場合、彼は「ユミルの民」であることは「生まれてこないほうがよかった」と思うほどの苦痛を被る、と考えていました。つまり、「ユミルの民」であるか否かが、出生を阻止するに値するか否かの境界なのです。しかしこの境界の設定はあくまでジークによる恣意的なものです。

「ユミルの民」のなかにも、もしかしたら生まれてきたことを肯定しうる人がいるかも知れません。あるいは、「ユミルの民」でなくても、非常に大きな苦痛を抱える人がいるかも知れません。この意味において、「ユミルの民」だから必ず不幸になる、と考えることは、特定の民族に対する不合理な偏見であることを免れられないでしょう。

しかし、ベネターはジークのように、ある条件を満たした人間だけを限定して「生まれてこないほうがよかった」と主張しているのではありません。どんな属性の、どんな境遇の人であれ、すべての人間が「生まれてこないほうがよかった」と訴えるのです。たとえ、恵まれた環境で生まれ、幸福な人生を送っていても、その人生は始めるに値しない――彼はそう訴えます。ここに、ベネターの主張の過激な点があります。

なぜ、ベネターはそのように考えるのでしょうか。彼の理屈を追いかけてみましょう。

食後のケーキを食べられなかったから

反出生主義などというと、なんだかとてつもなく感傷的で、ペシミスティックな思想であると思われるかも知れません。しかし、実際には、それはあくまでも論理的に導かれた思想です。

まず、ベネターは快楽があることを「よい」こととして、苦痛があることを「悪い」こととして位置づけます。たとえば、食後に甘いケーキを食べることは、快楽を得られることだから「よい」ことです。それに対して、食後に腹痛に襲われることは、苦痛に見舞われることだから「悪い」ことであると言えます。

快楽があることは「よい」、そして苦痛があることは「悪い」――ではその反対はどうなるでしょうか。つまり、快楽がないこと、苦痛がないことは、それぞれどのような価値を持つでしょうか。

普通に考えれば、価値は反転し、快楽がないことは「悪い」、そして苦痛がないことは「よい」ということになりそうです。ところが、ベネターはそうは考えません。たしかに苦痛がないことは「よい」ことですが、しかし快楽がないことは、「悪くない」とベネターは言うのです。これが彼の反出生主義を考える上での最大のポイントになります。

苦痛がないことが「よい」のは、考えてみれば分かることです。たとえば、食後に腹痛に襲われている「私」が、胃薬を飲んで痛みを和らげたとしましょう。このとき、苦痛がなくなったため、それは「私」にとって「よい」ことです。しかし、快楽がないことはどうでしょうか。たとえば「私」が、何かの事情で食後にケーキを食べなかったとしましょう。これは「私」にとって「悪い」ことでしょうか。おそらく、そうとは言い切れないはずです。

もしも食後にケーキを食べないことが「私」にとって「悪い」ことであるとしたら、それは、「私」がものすごくケーキを楽しみにしていて、それを食べられないことによる絶望が生じるときでしょう。そのとき「私」は、快楽がないことを嘆いているのではなく、絶望という苦痛を嘆いているのです。

しかし、快楽がないことが、いつでも苦痛になるとは限りません。たとえば筆者は、甘いものよりも塩辛いもののほうが好きなので、別に食後にケーキを食べなくても苦痛ではありません。かといって、嫌いなわけではないので、もしケーキを食べたら「ああ美味しいな」、と思います。つまり快楽は感じます。このような人にとって、食後にケーキを食べられないことは、快楽はないけど苦痛もない、という状態のはずです。

では、このように快楽がない状態――特に甘い物が好きではない人が、食後にケーキを食べられない状態――は、「よい」ことでしょうか、「悪い」ことでしょうか。普通に考えれば、どちらでもない、ということになるでしょう。

つまり、苦痛がないことは「よい」が、快楽がないことは「悪くない」のです。この意味で、快楽と苦痛は非対称的な関係にあると、ベネターは主張します。そして、この性質に基づいて、彼はなぜ人間は生まれてこないほうがよいのかを説明するのです。

生まれなければ快楽も苦痛もない

右に述べた、快楽と苦痛の非対称性を、人間の出生の問題に重ね合わせてみると、どのような結論が導き出されるでしょうか。

まず、どんな人間であっても、この世界に生まれてくれば、快楽と苦痛の両方を経験することになります。まったく苦痛のない人生なんて不可能です。もちろん、そのバランスは人によって異なるでしょう。もしも運が悪ければ、とてつもなくひどい苦痛を味わう可能性もあるかも知れません。あるいは、運が良ければ、多くの快楽を享受する人生を送れるかも知れません。

それに対して、もしも人間がこの世界に生まれてこなければ、快楽も苦痛も経験することはできません。生まれてこなければ何も経験できないからです。

さてこのとき、ある人——ここでは「X」と名付けておきます——が生まれてきた世界と、生まれてこなかった世界があるとしましょう。Xのいる世界では、Xは快楽と苦痛を両方とも経験します。それに対して、Xのいない世界では、Xは快楽も苦痛も両方とも経験しません。この二つの世界を比較したとき、どちらのほうが望ましいと言えるのでしょうか。

この問題を考えるために、Xのいる世界と、いない世界とで、どれだけ「よい」ことと「悪い」ことがあるのかを比べていきます。

前述の通り、快楽があることは「よい」ことであり、苦痛があることは「悪い」ことです。したがって、この世界に生まれてくることは、Xにとって「よい」ことであると同時に「悪い」ことである、と言えます——そのどちらが優勢となるかは、Xの人生次第です。

それに対して、Xがいない世界はどうでしょうか。そこには快楽も苦痛もありません。苦痛がないことは「よい」ことであり、それに対して快楽がないことは「悪くない」ことです。したがって、そもそも生まれてこないことは、Xにとって「よい」ことであると同時に「悪くない」ことである、ということになります。

これらを図にまとめると、次のようになります（図1）。Xが存在する世界を「シナリオA」、存在しない世界を「シナリオB」と呼びます。両者を比較すると、明らかにBのほうが優れていることが分かります。Aの場合、そこにはプラス（「よい」）とマイナス（「悪い」）の要素が含まれていますが、Bには何もマイナスがなく、プラスしかないからです。したがって、このように考えるなら、Xは存在しないほうがよい、ということになります。

この論証がすごいのは、Xがこの世界に生まれてきて、どんなに素晴らしい人生を送

シナリオA Xが存在する	シナリオB Xが存在しない
苦痛がある （悪い）	苦痛がない （よい）
快楽がある （よい）	快楽がない （悪くない）

図1　非対称性原理

ったとしても、Xが生まれてこないほうがよいという結論が揺るがない、と考える点にあります。

なぜそうなるのでしょうか。それは、生まれてきた以上、Xは必ず苦痛を経験するのであり、そしてその苦痛がないことは絶対的に「よい」からです。生まれてきた人がどんな人生を送るかは、そもそも問題になりません。だからこそ、どんな人間であってもこの世界に生まれてこないほうがよい、とベネターは主張するのです。

これから子どもを作ろうとしているとき、私たちにはその子どもを存在させるか存在させないかを、選択することができます。そのとき、道徳的により望ましい選択は、その子どもを存在させないこと、つまり子どもを生まないことである――ベネターはそう考えるのです。

反出生主義を論破できるか？

こうしたベネターの反出生主義に対して、私たちは反論することができるでしょうか。最初に思いつく反論は次のようなものでしょう。たしかに苦痛がないことはよいことかも知れません。しかし、私たちがこの世界に生まれてくれば、それをはるかに凌駕するくらいに、多くの快楽が生じる可能性があります。

少なくとも、生まれてきてよかったと思っている多くの人は、たとえ人生のなかで苦痛を経験するのだとしても、その引き換えに得られた快楽が、生まれてきたことを肯定するに足るほど、十分なものだと考えているはずです。そうだとしたら、非対称性原理は根本から崩れるのではないでしょうか。

このような反論に対して、ベネターは、自分の人生には十分にたくさんの快楽がある、という判断そのものが、疑わしいものに過ぎない、と切り返します。どういうことでしょうか。

ベネターは「ポリアンナ効果」と呼ばれる心理学的な概念を紹介しています。これは、否定的な記憶よりも肯定的な記憶をより強く保持する、という心理的な傾向を指すものです。

ベネターによれば、同じくらい嫌なことと嬉しいことを経験したとき、人間は嫌だったことを忘れようとし、嬉しかったことだけを記憶しようとします。したがって、私たちが人生のなかで経験する苦痛の多くは、記憶から零れ落ちて思い出せなくなってしまいます。その結果、自分の人生には、生まれてきたことを肯定するに値するだけの十分な快楽がある、と思い込んでしまうのです。

そんなことはない、と思われるのであれば、あなたがこれまで人生の中で、何回空腹を感じたことがあるかを思い出してみてください。何回身体が痒くなったことがあるかを思い出してみてください。そうした記憶があなたにどれだけ残っているでしょうか。これらはすべて苦痛です。しかし、嬉しかった記憶、たとえば美味しいものを食べた記憶に比べれば、それらははるかに簡単に忘れられてしまうのではないでしょうか。

もちろん、そうした些細な苦痛だけが簡単に忘却されるわけではありません。非常に激しい悲しみを経験したとき、あるいはトラウマとなるようなショッキングな出来事と遭遇したときも、私たちは記憶に蓋をして、それらを思い出すまいとします。そうしなければその後の人生を生きていけないからです。

人間の心にはポリアンナ効果が作用している——それを前提とするならば、そもそも私たちには、自分の人生にどれだけの快楽と苦痛があるのかを、客観的に判断することができません。したがって、自分が人生で経験する快楽の量を根拠にして、反出生主義に反論することはできないのです。

もう一つの典型的な反論として挙げられるのが、反出生主義は自殺を肯定するのではないか、というものです。もしも人間が存在しないほうがよいのなら、いま存在している人間も存在しなくなるほうがよいのであって、したがってすべての人間がただちに自殺するべきだ、と主張することになってしまいます。それは受け入れられない結論なのだから、反出生主義は間違っている――そうした反論です。

この反論に対して、ベネターは次のように再反論しています。すなわち、人生が始めるに値するか否か、ということと、人生が続けるに値するか否か、ということは、厳密に区別しなければならない、ということです。

「始めるに値するか否か」で問題になるのは、人生が始まる前に、それが始まるべきか始まるべきではないか、ということであり、つまり出生をめぐる選択です。それに対して、「続けるに値するか否か」は、いまあるこの人生を途中でやめるべきか否か、すなわち自殺するべきか否かを問題にしています。両者が扱う事態はまったく異なるものです。

ある人生を始めるべきではないのだとしても、それを理由として、その人生を続けるべきではない、ということにはなりません。確かにその人生は始まらないほうがよかったかも知れないけれど、一度始まってしまった以上は、その人生を最後まで全うしたいと考えたとしても、論理的には何も矛盾は生じないからです。

では、人生を始めることと、人生を続けることが区別できるとして、人生を続けることがそれほど悪いとは限らないのは、なぜなのでしょうか。

ベネターはこう考えます。なぜなら自殺は、自分一人だけではなく、周囲の人を巻き込む問題であるからです。

確かに、「私」が自殺すれば、「私」がこれから被るはずだった苦痛は経験せずに済みます。それは「よい」ことです。しかし、それは同時に、「私」の家族や友達、つまり残された人々に対して、非常に大きな苦痛を与えることになります。その苦痛は、場合によっては、「私」が生き続けることで経験するはずだった苦痛よりも、はるかに大きなものになるかも知れません。その場合、「私」が自殺することで、結果的にこの世界の苦痛は増大することになります。したがって、「私」は自殺するべきではない、と考えることができるのです。

ただし、筆者の考えでは、このロジックには欠点があります。それは、もしも「私」が自殺することで周囲の人が誰も苦痛を被らないなら、自殺を禁止する理由はなくなってしまう、ということです。あるいは――考えたくもないことですが――すべての人が一斉に自殺をするのであれば、そこには残された人が存在しないことになるのですから、やはり自殺を禁止する理由はなくなります。そのとき、人はむしろ積極的に自殺するべきだ、という帰結を免れなくなってしまいます。

これは極めて暴力的な主張であり、到底受け入れられないものです。反出生主義を擁護するのであれば、なぜ自殺するべきではないのか、という点について、ベネターとは別のロジックを立てる必要がありそうです。とはいえ、それを本格的に論じようとすると、さらに煩雑な議論に陥ってしまいますので、ここではそうした問題を指摘するに留めておきましょう。

なぜ人々は反出生主義を求めるのか

反出生主義に対しては、他にもいろいろな反論が提示されています。そもそもこの理論は、快楽が「よい」、苦痛が「悪い」という前提に立って組み立てられたものです。しかし、この前提が正しいという保証はありません。私たちが別の前提に立つなら、まったく違った答えを導き出すことは可能です。

ただ本書の問題関心に従って考えるなら、そうした専門的な話よりも大事なことがあります。それは、このように極めて理屈っぽい反出生主義が、信じられないほどの熱狂を伴って、日本社会の読者に受け入れられた、ということです。おそらく、反出生主義に対する熱量は、学術的な世界と一般社会との間で、大きく異なっていると言えるでしょう。少なくとも筆者の目には、一般読者のほうが、研究者よりも反出生主義に関心を寄せているように見えます。

哲学の世界には出生に関する様々な理論があります。反出生主義はそのなかの一つに過ぎませんし、また特に際立って革命的だということもありません。一方で、日本の人文書には、反出生主義を取り扱った書籍が多数存在します。特に、ベネターの『生まれてこないほうが良かった』が日本語に翻訳された二〇一七年以降、その数は爆発的に増加しました。この注目度の高さ、そしてそこに示される、学術的な世界と一般社会との間の温度差は、やや異常にも感じます。それは、「生まれてこないほうがよかった」という思想が、それだけ社会から求められていることの証なのではないでしょうか。

だからといって、このような状況を受け研究者が反出生主義について議論し始めても、それが社会の期待に応えているようには思えません。むしろその多くは、関心を寄せる読者にとって、期待外れなものに留まっているように思われます。

おそらくその理由は、反出生主義の研究者たちが、あくまでも学術的な正しさに注目し、なぜそれが社会から求められているのかに、関心を持っていないからです。もちろん、研究者なのですから、理論の正しさにこだわるのは当然です。しかし、社会から求められているものは、学術的な正しさとは別の次元にあるのでしょう。

では、なぜ、反出生主義は社会から求められているのでしょうか。読者はその思想に何を期待しているのでしょうか。

おそらくそれは、「生まれてきたことは素晴らしい」といった、出生を美化する言説に対する、強烈なアンチテーゼなのではないでしょうか。そうした言説のなかで沈黙を強いられ、無視され、存在しないものとして扱われてきた苦しみに、声を与え、形を与え、強さを与えてくれる言葉なのではないでしょうか。

本書の主題である親ガチャ的厭世観と、反出生主義の間に、直接的な理論的連関はありません。しかし出生を賛美する言説のなかでは、両者の根幹にある苦しみは承認されないままになってしまいます。その点で、両者は通じているのです。苦境に追い込まれながら生きる人にとって、「生まれてきたことは素晴らしい」と言われることが、いかに残酷なことであるかは、想像に難くありません。出生を賛美する言説は、多くの場合、その残酷さに無頓着なのです。

「生まれてこないほうがよかった」という思想が、どれほど呪わしく、どれほどダークに響いたとしても、そう言わなければ生きることさえままならない人々がいることを、私たちは忘れるべきではありません。理論の正しさに拘泥《こうでい》することは、そうした人々に向かい合うことにはならないのです。

反出生主義の正しさについては、それを専門とする研究者たちに任せておきましょう。本書が考えたいのは、そうした思想を求める社会の欲望であり、つまり、親ガチャ的厭世観なのです。

【脚注】

24 尾田栄一郎『ONE PIECE』集英社、第五九巻、二〇一〇年。

25 同右。
26 諫山創『進撃の巨人』講談社、第二八巻、二〇一九年。
27 デイヴィッド・ベネター『生まれてこないほうが良かった――存在してしまうことの害悪』小島和男・田村宜義訳、すずさわ書店、二〇一七年。

第4章　ゲノム編集で幸せになれるか

親ガチャ的厭世観は、生まれてこないほうがよかったという観念と、軌を同じくしている——それが、前章で明らかになったことでした。この問題に関連して、『進撃の巨人』のジークを紹介しました。彼は、これ以上、不幸な人間を世の中に生み出さないために、特定の人種の出生を停止させようとします。

ここには、ある人間が生まれてくるべきか否かを、遺伝子的な要因によって決定しようとする態度が垣間見えます。そしてそれは、出生を停止させることを促すだけではなく、生まれてくる前に遺伝子を操作し、より望ましい形へと変化させること、すなわち、遺伝子操作を促すことにもなるでしょう。

実際に、ジークが目指したのは、遺伝子操作によって出生を停止させることでした。もしも、巨人化する能力だけを「ユミルの民」から遺伝子的に抹消できるなら、彼はそうしていたかも知れません。

このように、親ガチャ的厭世観は遺伝子操作へと私たちを誘惑することにもなります。両親の家庭環境を変えることができないのだとしても、子どもが両親から継承する遺伝子的な条件は、変えてやりたい——そう思う親がいるとしても不思議ではありません。

しかし、それは本当に生まれてくる子どもにとって幸福なことなのでしょうか。親ガチャ的厭世観を乗り越える、決定的な解決策になるのでしょうか。本章では、こうした遺伝子操作の問題について考えていきます。

ゲノム編集の衝撃

二〇二〇年、エマニュエル・シャルパンティエとジェニファー・ダウドナに、ノーベル化学賞が贈られました。二人の主な功績は、生物の遺伝情報を指す「ゲノム」を自在に書き換えることのできる、「ゲノム編集」の新たな手法を発明し、確立したということです。

その手法が、「CRISPR-Cas9」です。これは、従来の遺伝子操作の手法よりもはるかに効率的かつ正確に、ゲノムの特定の部位を切断したり、その部位に別の遺伝情報を組み入れたりできます。それによって、生物の細胞を人為的に変化させることができるのです。

ゲノム編集は様々な用途に開かれた技術です。すでにその一部は社会に実装され、私たちの生活にも影響が及んでいます。そうした用途の種類は、大きく二つに分類することができます。

一つは、何らかの疾患を治療したり、予防したりするなど、ゲノム編集を健康のために役立てる、ということです。これは医療を目的とした用途であると言えます。そしてもう一つの用途は、生物が持つ元々の能力を増大させるためにゲノム編集を行うことです。筋肉を肥大化させることや、視力を向上させることなどが、これに該当します。

このように、その生物がもともと持っていなかった性質を付与したり、あるいは特定の性質を強化したりするゲノム編集の用途を、「エンハンスメント」と呼びます。エンハンスメントとは、「増強」を意味する英語に由来する言葉であり、筋力や認知能力の向上だけではなく、眼や体毛の色を変化させるなどの、外見の変化も含んでいます。

ゲノム編集の応用が盛んに行われている分野として、食用生物をめぐる研究開発が挙げられます。一例として、マグロへの応用を見てみましょう。

マグロは日本人にとって馴染み深い魚ですが、養殖することが非常に困難であることでも知られています。英語で「ツナ」とも呼ばれますが、ツナの語源はラテン語の「Thunnus」であり、「突進する」という意味の言葉です。その名の通り、マグロはその体型や尾びれの筋肉のつき方から、他の魚に比べて非常に高速で泳ぐことができます。

その上、神経質で臆病な性格をしており、強い光や音を感じると猛スピードで逃げ出してしまいます。

そのため、マグロ養殖の生産現場では、職員の足音に驚いたマグロが壁などに衝突し、死亡してしまうケースが多発してきました。それが、マグロの養殖が困難だと言われる要因です。だからといって、天然のマグロばかりを獲っていると、生態系に影響を及ぼし、やがてマグロを誰も食べられなくなってしまうかも知れません。

この問題を解決するために、近年研究が進められているのが、「大人しいマグロ」を作るという試みです。ゲノム編集によって運動制御にかかわる遺伝子を操作された、通常よりも鈍感で、遊泳速度の劣ったマグロであれば養殖場での衝突死を回避できるというわけです。実際に、「大人しいマグロ」は二〇一九年に水産技術研究所が開発に成功しています。[28]

他にも、栄養摂取の効率をよくすることによって、少ない餌で成長するようにしたり、細胞の性質変化を起こすことで、うまみ成分が多く含まれる魚を作ったり、細胞を増大させることで、肉厚で可食部の多い魚を作ったり、と食用魚に対するゲノム編集の応用として様々な手法が開発されています。

ところで、「大人しいマグロ」は、通常の個体よりも認知能力や遊泳速度が劣っているのであり、能力が「増強」しているよりむしろ、低下させられています。しかし、養殖のしやすさという点で見れば、通常のマグロよりもよい、ということになるわけです。そういうわけで、この場合のマグロへのゲノム編集は「エンハンスメント」であると考えられます。ものは言いようですね。

結局のところ、何を能力の増強と見なすかは、その生物がどんな目的のためにゲノム編集されるかによって、変わってくるのです。

デザイナー・ベイビーと生命倫理

さて、こうしたゲノム編集が人間に対して使われると、どうなるでしょうか。

親は、これから生まれてくる自分の子どもの能力や外見を、自分の好きなようにデザインできるようになります。子どもの性格さえも変えることができるかも知れません。記憶力がよく、金髪で目が青く、反抗することのない大人しい子どもが欲しいと思えば、そうした子どもを意図的に生むことが可能になるかも知れないのです。

このように、親によって身体をデザインされた子どものことを「デザイナー・ベイビー」と呼びます。しかし、こうしたゲノム編集の用途には重大な倫理的懸念があると考えられており、生殖細胞をゲノム編集し、その胚から子どもを実際に出生させることは、世界的に禁じられています。

ところが、近年、それを破る研究者が現れ、世界を驚かせました。二〇一八年、中国の研究者である賀建奎《フー・ジェンクイ》が、ゲノム編集されたヒト胚から双子を出生させたのです。

賀が試みたのは、ＨＩＶ（ヒト免疫不全ウィルス）に対して抵抗力をもつ子どもを作成することでした。ＨＩＶは母子感染する疾患として知られており、親がＨＩＶの感染者である場合、その子どもも感染する可能性があります。ところが、もしもゲノム編集によってこれから生まれてくる子どもにＨＩＶへの抵抗力を持たせることができれば、ＨＩＶに罹患した人であっても、子どもを持つことへの心配が減ることになるでしょう。そのような動機で、賀の研究は行われたのです。

もちろん、生殖細胞へのゲノム編集が倫理的な懸念を抱えていることは、当時の中国においても周知の事実でした。そのうえ賀は、この研究を行うために、倫理審査書類を捏造するなどの重大な研究不正を行いました。彼は中国国内では犯罪者として裁かれ、世界の科学コミュニティからも非難を集めることになりました。

賀が起こした事件は、当然のことながら許されるべきではありません。しかし、ここであえてその理由を問い直してみましょう。いったいなぜ、ゲノム編集には問題があるのでしょうか。ゲノム編集によって呼び起こされる倫理的懸念とは、いったい何なのでしょうか。

しばしば語られるのは、ゲノム編集には安全性の懸念がある、ということです。これは非常に大きな問題です。人間のゲノム情報は膨大かつ複雑であり、依然としてゲノム研究は発展途上にあります。いまは知られていない新事実が、将来において発見されるかも知れませんし、あるいは現在常識だと思われることが、やがて覆されるかも知れません。

つまり、現在の知識で行われたゲノム編集が、将来においても絶対に安全であると言い切ることはできないのです。たとえば、記憶力を向上させようとして働きかけたゲノム編集が、実は何らかの疾病に対する抵抗力を脆弱にする作用を及ぼしており、何十年も経過したあとで、本来だったら罹らなくてよかった疾病に罹ってしまう――そうした可能性も払拭できません。

しかし、安全性に関する懸念は、研究の進歩によっていつか解決できるかも知れません。少なくとも、ゲノム研究が今よりも高い水準に達し、より高い確度で影響を予測できるようになれば、完全にリスクをゼロにすることはできなくても、許容可能な程度にまでリスクを下げることはできるでしょう。もしもそうなったら、ゲノム編集には何の倫理的懸念もなくなる、と言っていいのでしょうか。

もう少し、踏み込んだ考察を展開する必要がありそうです。以下では、この問題を考えるために、『ポケットモンスター（ポケモン）』という作品を手がかりにしてみたいと思います。

ミュウツーの苦悩

『ポケモン』には、非常に印象的なキャラクターが登場します。遺伝子操作によって誕生したと言われるモンスター、ミュウツーです。その特徴は次のように説明されています。

> ミュウの　いでんしを　くみかえて　うみだされた。ポケモンで　いちばん　きょうぼうな　こころを　もつという。[29]

ミュウツーは、ミュウという名前の別のポケモンの遺伝子を抽出し、それを操作することによって人工的に作成されたポケモンです。研究者は、戦闘に特化し、凶暴な心を持ったポケモンになるよう、遺伝子を操作したようです。『ポケモン』の世界では、ポケモン同士を戦わせることが、一定の社会的地位を決定する競技として確立しており、戦闘で圧倒的な強さを持つことは、非常に大きな価値なのです。実際に、ゲームのなかでミュウツーをゲットして対戦で使用すると、その強さに驚かされます。

では、そのように遺伝子操作されたことを、当のミュウツーは喜んでいるのでしょうか。残念ながら、どうもそういうことではなさそうです。

ミュウツーの出生を題材にした映画作品として、一九九八年、『劇場版ポケットモンスター ミュウツーの逆襲』が公開されました。そのなかでは、ミュウツーが自分の生い立ちに抱く苦悩が描かれることになります。

物語序盤、研究施設でミュウツーが誕生するシーンが映し出されます。水槽のなかで目覚めたミュウツーは、その高い能力を実験するために、何度もポケモンとの戦闘を繰り返すことを強いられます。その最中で、ミュウツーは、ただ戦うことだけを求められる自分自身の存在に、疑問を抱くようになっていきます。
やがて、ミュウツーは世界への深い怒りを感じ始めます。周囲の人間たちが、自分をただ戦闘のための道具として扱い、利用しているだけであることに気付いたからです。そしてあるとき、人間に反逆することを決意するのです。その心中は次のように語られます。

誰が生めと頼んだ？
誰が作ってくれと願った？
私は私を生んだ全てを恨む。
だからこれは、攻撃でもなく宣戦布告でもなく、
私を生み出したお前達への、逆襲だ。

ミュウツーは、研究施設を自ら破壊し、どこかへと消えてしまいます。そして、世界中から強いポケモンの遺伝子を集め、それを操作することで、より強力なコピーポケモンを作成し始めます。そして、最強のポケモンにして最強のトレーナーとして、より強

いポケモンだけで構成された世界を作るために、弱いポケモンを淘汰し始めるのです。

優良な遺伝子を掛け合わせ、より強い存在を作る、そして弱い遺伝子を持つ存在を淘汰する――後ほど詳しく述べますが、これは優生思想の考え方です。ミュウツー自身が、優生思想によって生み出された存在であることを無視することはできません。優生思想、つまり戦闘に強いことが望ましいという価値観のもとで、人間が自分を戦闘に勝つための道具として扱っていることを、ミュウツーは憎んでいました。そうであるにもかかわらず、自分自身も優生思想に染まってしまうのです。

ミュウツーが自分の試みを「逆襲」と呼ぶのは、自分が人間からされたことを、今度は自分が人間に対して行っているからでしょう。しかし、優生思想に囚われれば囚われるほど、自分が道具として生まれてきたという運命からも、逃れられなくなります。ここにミュウツーという存在の悲しさがあります。

『ミュウツーの逆襲』では、このように、遺伝子操作によるミュウツーの誕生が悲劇として描き出されます。それは、遺伝子操作をかなり悲観的に捉えた作品である、と言えるでしょう。もちろんこれはフィクション作品であり、架空の世界の話です。この作品を素朴に真に受けて、遺伝子操作やゲノム編集を過度に危険視したり、非難したりすることは間違っているでしょう。

しかし、少なくともそれは、遺伝子操作が社会に応用された世界で、何が起こるかを予見したものではあるはずです。現実の社会でこうした事態が必ず起こるとは限りませんが、起こりうる未来の一つを描いたものではあるのです。

ナチスと優生思想

弱いポケモンを淘汰しようとするミュウツーの信念は、前述の通り、優生思想を想起させます。

改めて説明すると、優生思想とは、望ましい性質をもった人間の出生を促し、望ましくない性質をもった人間の出生を妨げようとする思想です。一般的には、知性の優れた人間を創造することや、不健康な人間を淘汰することが、その目的に掲げられます。またそうした目標を達成するための手段として、望ましい性質をもった人間同士の生殖が奨励されたり、望ましくない性質をもった人間の生殖が禁止されたり、最悪の場合、そうした人間の抹殺までもが行われたりします。

優生思想は、歴史の中で様々な惨禍を引き起こしてきました。その代表格として挙げられるのが、ナチス政権下のドイツで行われた障害者への暴力です。

一九三三年、ドイツで政権を奪取したナチ党は、遺伝病子孫予防法という法を成立させ、四〇万人の身体・精神障害者を強制的に断種しました。もともとナチ党は、国家を優れた国民によって構成することに異様な関心を持っており、青い目・金髪・長身のいわゆる「アーリア人」と呼ばれる遺伝子的特徴を望ましい性質として位置づけました。それに対して障害者は、望ましくない性質を持つ人々として、後世に残すべきではないと捉えられてしまったのです。

こうした思想は、第二次世界大戦中に過激化していきます。一九三九年、ヒトラーはナチ党高官に対して、知的障害者・精神障害者・遺伝性疾患患者・同性愛者・路上生活者などを安楽死させることができる、という権限を与えました。これを受けて、ベルリン市内のティーアガルテン通り四番地に、一酸化炭素ガスによって対象者を中毒死させる施設が設立され、大量虐殺が始まります。この地名に由来し、この事件は一般に、「T4作戦」と呼ばれます。

結局、カトリック教会からの猛烈な反発を受けて、この計画は中止されるのですが、それまでにおよそ七万人が殺されたと記録されています。さらに、その後も精神科医や看護師によって安楽死は続けられ、他の殺害方法も合わせると最終的に二〇万人以上が殺されたと言われています。

一連の事件は、優生思想が引き起こした最悪の出来事として、広く知られています。しかし、それは決して過ぎ去った昔の話ではありません。私たちの社会には依然として優生思想の空気――すなわち、生き残るべき人間を選別し、劣った人間は淘汰したいという願望――が漂っています。そしてそれが、時として凶悪な事件として顕在化し、多くの犠牲者を出しているのです。

二〇一六年七月二六日、神奈川県相模原市の知的障害者福祉施設「津久井やまゆり園」で、元職員による大量殺人事件が起こり、世間に衝撃を与えました。この事件は一般に「相模原障害者施設殺傷事件」と呼ばれます。犯人の植松聖《さとし》は、入居している知的障害者一九人を刺殺し、職員を含む二六人に重軽傷を負わせました。

注目を集めたのは、植松が犯行に至った動機です。もともとそこで働いていた植松は、その心中を次のように語りました。重度障害者への社会保障は「税金の無駄遣い」であり、「重度障害者を安楽死させれば、その分のお金が循環し、世界平和につながる」ため、自らの犯行は「全人類の為」であった――すなわち彼は、被害者に対して個人的な怨恨があったわけではなく、公益のために犯行に及んだと考えていたのです。

障害者への社会保障が税金の無駄遣いである、というロジックは、まさにナチ党が障害者を差別するために用いたものでした。植松は「ヒトラーの思想が降りてきた」と語っており、識者の間では両者の思想的な連関が指摘されました。もっとも植松自身は、その後、この言葉を「軽い冗談だった」と言い、訂正しています。ただ、それが冗談で済まされない発言であることは言うまでもありません。

本人が自覚していないだけで、やはりナチズムと彼の間には明らかな思想的共鳴があるのではないでしょうか。それは、優れた人間によって世界を作り、劣った人間を淘汰したい――そうした、社会のなかに伏流する呪いが顔を出したものなのではないでしょうか。ミュウツーの思想も、その表れの一つなのかも知れません。

ゲノム編集が孕む危険性

二〇二〇年に日本学術会議によって発表された「人の生殖にゲノム編集技術を用いることの倫理的正当性について」という提言では、生殖細胞へのゲノム編集によって生じうる倫理的懸念の一つとして、「優生思想をめぐる問題」が挙げられています。

生殖細胞に対してゲノム編集が行われる場合、それが意味しているのは、これから生まれてくる子どもの身体を、親や医師が操作するということです。

それがたとえ子どものためであったとしても、望ましい遺伝的特徴を与えたり、望ましくない遺伝的特徴を回避したりすることは、子どもの同意なしに、その子どもの身体に侵襲――すなわち、働きかけることを意味します。

生殖細胞をゲノム編集された場合、生まれた後でその侵襲をなかったことにはできません。つまり、身体の操作は不可逆なのです。それは本人の同意なしに、本人の身体に侵襲するという、伝統的な優生思想と同じ暴力性を持っているのです。

それだけではありません。前述の通り、生殖細胞へのゲノム編集は確実なものではありません。場合によっては、遺伝子操作に失敗して、胎児に対して障害を負わせたり、深刻な疾患を持たせたりするかも知れません。

そもそもゲノム編集は、深刻な遺伝性疾患を回避するために――つまり、そうした胎児を出生させないために――行われているのだから、このような事故が生じた場合、親や医師はその胎児を堕胎させることへの強い動機を持つことになります。そのようにして堕胎が行われるのなら、それもやはり、望ましくない性質を持つ人を抹殺しようとする優生思想を繰り返すことになります。

さらに、生殖細胞へのゲノム編集が社会に普及すれば、その処置を受けうるための手続きとして、着床前診断や出生前診断が義務付けられる可能性があります。そして、子どもに遺伝性疾患を継承させる恐れのある親は、はっきりと禁止されることがなかったとしても、事実上、出産を制限されることになるかも知れない。しかしこれは、ナチスにおいて行われていたような、障害者への強制的な断種と何も変わりません。

日本では、一九四八年から一九九六年にかけて、優生保護法という名の法律が定められていました。その第一条には、「優生上の見地から不良な子孫の出生を防止するとともに、母性の生命健康を保護することを目的とする」と明記されており、障害者に対する強制的な断種が公然と行われていました。断種を強制された被害者の数は、分かっているだけでも一万六千人を超えると言われています。政府は二〇一九年に旧優生保護法一時金支給法を定め、被害者に対して一時金を支給しています。

この法律の前文には、次のような文言が明記されています。

このような事態を二度と繰り返すことのないよう、全ての国民が疾病や障害の有無によって分け隔てられることなく相互に人格と個性を尊重し合いながら共生する社会の実現に向けて、努力を尽くす決意を新たにするものである。

この文言に照らし合わせると、先に述べたような新たな優生思想の実現を促しかねないゲノム編集の応用は、当然許されるわけがありません。

もっとも、深刻な遺伝的疾患を抱えた胎児の命を救うために、治療的行為としてゲノム編集が行われることは、容認されうるかも知れません。[30] しかし、その判断には十分すぎるほど慎重になる必要があります。少なくとも、これから生まれてくる子ども本人の利益を最優先に考慮しなければなりません。もしも本人の利益とは無関係に、その遺伝的特徴が社会的に望ましいか望ましくないかを重視してしまうなら、それは優生思想の発露にならざるをえないでしょう。

「リベラルな優生学」の問題

ゲノム編集の問題については、私たちにはさらに、次のような疑問を寄せることもできます。すなわち、ゲノム編集は優生思想と結びつくかも知れませんが、それの何が問題なのか、ということです。

優生思想は歴史において様々な悲劇を生み出し、許されない暴力の温床となってきました。それが許されないのは、社会が勝手に作り上げた価値観に基づいて、何の罪もない人の身体が脅かされるからです。つまり優生思想が、個人の自己決定権や、生命の尊厳を脅かすからです。

反対に言えば、個人の自己決定権や生命の尊厳が脅かされない場合、生殖細胞へのゲノム編集には、どのような倫理的懸念が生じるのでしょうか。

もちろん、両者が結びつくことによって、両親に遺伝性疾患をもった胎児を中絶することを強いる社会規範が形成されるとしたら、それは許容することができません。しかしそうした事態は、ゲノム編集が社会に普及したら必ず出現するとは限りません。むしろ、慎重な法規制と議論の呼びかけによって、回避可能であるようにも思えます。ナチズムにせよ、日本の優生保護法にせよ、それが倫理的に問題なのは、権力が優生思想を振りかざし、個人の権利を暴力的に侵していたからです。

一方で、ゲノム編集が社会に普及することで生じるのは、むしろ個人が自分の意志で優生思想に加担することではないでしょうか。優生思想が、権力によって押し付けられるものではなく、個人が選択できるサービスによって実現されるものとして、出現してくるのだとしたら、それは必ずしも個人の権利を脅かすものではなくなります。

もちろん、次のように反論することはできるでしょう。たとえ両親が自分の意志で生殖細胞へのゲノム編集を決断したとしても、その生殖細胞から生まれてくる子どもは、自分では何も決定していないのだから、これから生まれてくる子どもの自己決定権はやはり脅かされている――しかし、果たしてこれは有効な説明になっているでしょうか。

このような反論は、簡単に再反論されてしまいます。たとえば、生殖細胞は、後々は子どもとして生まれてくるとはいえ、それ自体ではまだ人間ではありません。そうである以上、生殖細胞に介入したとしても、それを個人の権利を脅かしたとは言えないでしょう。人間ではないものに権利はないからです。では、ゲノム編集と結びついた形で現れてくる優生思想には、何の問題もないと言い切ってよいのでしょうか。

ドイツの哲学者ユルゲン・ハーバーマスは、こうした新たな形態を取る優生思想を、「リベラルな優生学」[31]と呼びました。「リベラル」とは自由を意味する言葉です。すなわちリベラルな優生学とは、個人の自由な意思決定と両立する優生学を指しています。

リベラルな優生学は、権力によって行使され、個人の自由な意思決定を否定する優生学――ハーバーマスはそれを権威主義的な優生学と呼びます――とは異なり、一見して何の倫理的な問題も引き起こさないように思えます。しかし、実はそこには、これまでの私たちの社会を支えてきた根本的な前提を、ひっくり返す問題が潜んでいる、と彼は指摘するのです。

責任と人生の物語

その根本的な前提とは、私たちが責任の主体として存在する、ということです。

第2章でも述べた通り、責任の概念は、私たちが自分の人生を自分の人生として引き受けられる、ということを前提としています。ハーバーマスによれば、この前提を成り立たせているのは、私たちの人生がゼロからスタートする物語であるということ、その物語にはそれ以上遡ることができない始まりがある、ということです。そしてその始まりとは、すなわち、出生の瞬間に他なりません。

なぜ、自分の人生を引き受けるためには、それ以上遡ることのできない始まりが必要なのでしょうか。それは、もしも「私」の出生に、それよりも遡ることができる原因があるなら、そのとき「私」の人生の物語は、その原因によってもたらされたものになってしまうからです。

「私」がこの世界に生まれてきたことは、まったくの偶然であり、それに先行する何らかの原因によってもたらされたものではない——そのように信じられるからこそ、私たちは自分の人生を、自分に帰するものだと受け止められます。

それに対して、もしも自分の出生に先行する原因を認めてしまったら、「私」は自分の人生を自分に帰するものではなく、その原因に帰するものだと考えてしまいます。そうなれば、「私」が責任の主体であるための条件が崩れてしまうのです。

ハーバーマスは、遺伝子操作がそのような形で責任概念の条件を破綻させると指摘します。このことを、ミュウツーを例に考えてみましょう。

ミュウツーは、人間によって最強のポケモンとして出生させられました。もしも人間が最強のポケモンを作ろうとしなければ、ミュウツーがこの世界に出生することは決してありませんでした。ミュウツーの外見、能力、性格などは、すべて、人間が意図的にデザインしたものです。したがってミュウツーがミュウツーであることは、決して偶然ではありません。それらはすべて、ミュウツーが出生するよりも前に、人間によって設計されたものだったのです。

このとき、ミュウツーの人生は、ミュウツーの出生とともに始まったとは言えないでしょう。それは、ミュウツーが生まれる前から、ミュウツーを設計した人々によって、始められてしまったということになるはずです。だからこそ、ミュウツーが人生のなかで経験する事柄も、ミュウツー自身に帰属するのではなく、設計した人間たちのほうに帰属することになります。

仮にポケモンバトルで好成績を収めたとしても、ミュウツーはそれを自分の手柄にすることができません。なぜならミュウツーの好成績は、人間たちがミュウツーをそのように設計したからこそ、得られたものであるからです。したがって、ミュウツーの手柄はそのように設計した人間たちに移ります。このときミュウツーは、人間たちが目的を達成するための、道具に過ぎないのです。

あるいは、ミュウツーが何らかの問題を起こし、人を傷つけたり、物を破壊したりしても、その責任はミュウツーにはありません。なぜなら、先ほどと同様に、そうしたポケモンにしたのは人間たちだからです。したがってミュウツーが起こした問題の責任は、ミュウツーにではなく、設計した人間たちに帰属することになります。

このことは、第2章で取り上げた、秋葉原通り魔事件の加藤を想起させます。彼は、自分がこのような性格になったのは、親のせいであると述べていました。それはミュウツーが責任能力を奪われる事態と、ある意味でよく似ているのです。

筆者は、抑圧的な家庭環境が人間を自暴自棄にさせ、無責任にさせると指摘しましたが、ハーバーマスは、遺伝子操作は家庭環境よりもさらに深刻な仕方で人間から責任能力を奪うと指摘します。家庭環境であれば、後から改善することが可能ですが、遺伝子操作されて生まれてきた場合、その条件を後から変えることは不可能だからです。

遺伝子操作では解決できない

ミュウツーは、たしかに遺伝子を操作されて生まれてきました。しかし、彼には健康上の問題があるわけではないし、その世界の中では望ましい性質――すなわちバトルに強いこと――を与えられています。ミュウツーはそこで生きることに何も苦労しないでしょう。それでもミュウツーは苦悩します。それは、おそらく、ミュウツーが自分の人生を、自分の人生として生きられない、ということに由来します。

このように考えるなら、遺伝子操作は結局のところ、親ガチャ的厭世観と同じ問題を引き起こすことが分かります。

優生思想に基づく遺伝子操作は、これから生まれてくる子どもの身体を、その出生に先立って設計することで、子どもから責任の能力を奪います。それは、生まれてきた条件をその後の人生で変えることができず、その結果として自分の人生を自分自身のものとして受け入れられないという、親ガチャ的厭世観のもたらす自暴自棄と、構造的に何も変わりません。そうである以上、遺伝子操作は、決して親ガチャ的厭世観の解決にはならないでしょうし、むしろそれを強化するように作用するかも知れないのです。

私たちはこれまで、反出生主義と遺伝子操作が、いずれも親ガチャ的厭世観に対する有効な反論にならないことを確認しました。では、それに抵抗するために、この問題をどのように考えればよいのでしょうか。

そのヒントが、ハーバーマスの議論に含まれています。彼は、自分の人生に始まりがあり、それを一つの物語として理解できるという点に、責任概念の条件を見出していました。親ガチャ的厭世観に抵抗することができるとしたら、おそらくそれは、私たちがいかにして責任の条件を取り戻せるのか、自分の人生を自分の人生として引き受けられるのか、に懸かっているように思えます。

しかし、責任をどのように考えるか、ということは、非常に繊細な問題です。繰り返しになりますが、親ガチャ的厭世観に染まるのは、苦境に陥っている人です。そうした人に対して、自分の人生を引き受けろ、責任を取れ、と迫ることは、暴力的な自己責任論に他なりません。このような発想が受け入れられないことは、すでに第1章で確認した通りです。

そもそも責任とは何か、という問題に対して、ハーバーマスも十分な答えを提示できているようには思えません。彼は、自分の人生に始まりがあることを、その出生に先行する原因がないこと——つまり、遺伝子操作をされていないことによって説明していました。しかし、遺伝子操作ではなくとも、そうした事態は起こりえるでしょう。たとえば、夏生まれの子どもが欲しいという理由で、時期を計算して着床させた夫婦がいるとしましょう。これは、ハーバーマスのいう遺伝子操作と何が違うのでしょうか。その上、たとえ着床させる時期を計算したとしても、それによって生まれてきた子どもから責任能力が奪われるとは思えません。

そうだとすると、ハーバーマスが遺伝子操作によって失われるとする責任能力は、単に、出生に先行する原因があるか否か、ということだけに左右されるわけではない、ということになりそうです——たとえそれが大きな意味を持つのだとしても、です。

この問題を詳しく考えるためには、責任という概念そのものの検討に移らなければならないのかも知れません。それを、次章のテーマにすることにしましょう。

【脚注】

28 国立研究開発法人　水産研究・教育機構「世界初、ゲノム編集による「おとなしい」マグロ仔魚の作出に成功　～マグロの衝突死の軽減や防除に大きく前進～（まぐろ養殖部）」二〇一九年九月二五日、https://www2.fra.go.jp/xq/seika/seika001/

29「ポケモンずかん ミュウツー」https://zukan.pokemon.co.jp/detail/150（二〇二二年一二月一七日閲覧）。

30 J. Savulescu, J. Pugh, T. Douglas, and C. Gyngell, "The moral imperative to continue gene editing research on human embryos," *Protein & Cell,* 2015 Jun 26. Jul; 6(7): 476-479.

31 ユルゲン・ハーバーマス『人間の将来とバイオエシックス』三島憲一訳、法政大学出版局、二〇一二年新装版。

第5章 自分の人生を引き受ける——決定論と責任

親ガチャ的厭生観を引き起こす苦しみと、親ガチャ的厭生観が引き起こす苦しみは、区別されるべきです。親ガチャという言葉を使わないようにしても、その元凶となった苦しみはなくなりません。性急な言葉狩りに走ることは、根本的な問題の解決にはなりません。

親ガチャ的厭生観がもたらす苦しみとは何でしょうか。第2章ではそうした苦しみとして、自暴自棄になることを挙げました。なぜ、人は自暴自棄になるのでしょうか。それは親ガチャ的厭生観が、私たちから責任能力を奪うからです。責任とは、自分の人生を、自分の人生として引き受けることに他なりません。その可能性が失われるとき、私たちは自分の人生を、まるで他人の人生を眺めるかのように傍観し、それに対して無関心になります。自分の人生などどうなっても構わない、なぜなら自分の人生は自分で選んだものではないから――そのようにして、自分自身を尊重しようとする感覚が、奪われていくのです。

それでは、親ガチャ的厭世観と人間の責任能力は、互いに対立する関係、つまりトレードオフの関係にあるのでしょうか。筆者は必ずしもそうではないと考えています。自分の出生の偶然性を認めながらも、その人生を自分の人生として引き受ける可能性も、私たちには残されている——それが親ガチャ的厭世観に対する、一つの処方箋になるのではないでしょうか。

では、どのように考えれば、出生の偶然性と責任を両立させることができるのでしょうか。言い換えるなら、その偶然性と両立する形で、責任という概念を捉え直すことができるのでしょうか。本章では、こうした責任の概念について、考え直してみたいと思います。

決定論とは何か

第1章では、社会学者の土井隆義に依拠しながら、親ガチャという概念がある種の決定論に基づいている、と述べました。ただしそこでは、「自分の人生が出生によって決定されている」という程度の、漠然とした説明に留めておきました。実際、「決定論」という言葉は、一般的にはそのような意味で使用されています。

しかし、その一方で、決定論は哲学史における非常に重要な思想であり、歴史的にも膨大な議論が蓄積されています。責任の概念を考え直そうとするなら、決定論をめぐるこうした問題を避けて通ることはできません。

非常に大雑把に言えば、決定論とは、この世界で起こる自然現象はすべてあらかじめ決定されている、という思想です。

天気予報を例に考えてみましょう。天気予報は気象学という科学的な知識を応用したものです。「明日、雨が降る」という予報を聞けば、私たちはそれを信じて傘を持っていきます。では、そもそもなぜ、そうした予報をすることができるのでしょうか。

理由は単純です。雨が降るという現象には、一定の原因があると考えられるからです。雨は、雲のなかの水蒸気が大気中で冷やされて結晶化し、その結晶から雨粒ができ、その雨粒が重さに耐えられなくなって、落下することによって生じます。雨が降る、ということは、それに先行するこれらの現象が原因となって、その結果として生じるのです。だからこそ、これらの原因が揃えば、その後には必ず雨が降るだろう、と予測することができます。それが天気予報の基本的な仕組みです。

このことが意味しているのはどういうことでしょうか。

すぐに分かることは、何の原因もなく、雨が降ることはないということです。まったく水蒸気のないところから、突然雨が出現することはありません。あるいは、神様の一存で奇跡のように雨が降ることもありません。何かが起きたのなら、それに先行して、そこには必ず何らかの原因があるのです。

こうした原因と結果の連鎖は、必然的です。雲のなかで水蒸気が冷やされて結晶化し、雨粒が重さに耐えられなくなったのに（つまり雨が降る原因が生じたのに）、なぜか雨が降らないこともある、ということはありえません。そのような原因が生じれば、必ず雨は降るのです。

このような考え方を、雨だけではなく、この世界において起こるすべての自然現象に拡大した考え方が、決定論に他なりません。

あらゆる現象に原因があるのだとしたら、当然、雨の原因にもまたさらに原因がありま す。つまり、雲が雨を降らせる原因ですが、そのように雲が出現するのは、海などから水分が蒸発して空気に溶け込み、上空で冷やされるからです。そして、そうした現象（雨の原因の原因）にも、さらに原因があります。海などの水分が蒸発するのは、太陽の熱によって温められるからです。そして、そのように太陽の熱が地球に届くことにも、もちろん、原因があります。

このように、ある出来事の原因は、その原因の原因、さらにその原因と、どこまでも遡っていくことができます。この場合、私たちが辿りつくことのできる最初の原因は、どこにあるのでしょうか。

論理的に考えるなら、それは、宇宙の誕生の瞬間である、ということになります。さすがに遡りすぎですが、しかし、そう考えざるをえません（では、宇宙はどのようにして誕生したのか、ということが哲学における難問として出現するのですが、それは措いておくことにしましょう）。

ここで確認したいのは、もしも私たちが決定論に従って世界を説明しようとするなら、宇宙の誕生の瞬間から、その後の世界に起きることはすべて決定されていたことになる、ということです。なぜなら、原因と結果の連鎖が必然的であり、この世界でその連鎖から外れる現象は決して起こりえないからです。

この世界で起こることは、すべて、この世界が始まったときから決まっている。これが決定論の基本的な考え方です。このように考えると、それは親ガチャ的決定論よりも、はるかに厳しく、徹底された思想だと言えます。

人間の行為も決定されている？

さて、こうした決定論は、当然のことながら人間自身にも適用されます。

第2章で言及した秋葉原通り魔事件の犯人である加藤智大は、幼少時代の親からの厳しい教育によって、自分の価値観が歪んでしまった、と述べていました。彼の言葉をそのまま受け止めるなら、それは親の教育環境によって、彼の思考や行為が決定されてしまった、という一つの決定論です。

あるいは、第4章で紹介したミュウツーは、自分が最強のポケモンであり、戦闘において極めて強いということは、自分の実力ではなく、そのように自分の遺伝子を操作した人間たちによるものだと考えました。これもやはり決定論に類する発想です。

加藤は家庭環境によって、ミュウツーは遺伝子によって、自分の行動が決定されてしまっている、と感じていました。しかし、決定論に従って考えるなら、もっと強力なバージョンを考えることもできます。

たとえば「私」が誰かを殴るとしましょう。「私」が相手を殴るという行為は、「私」の脳から何らかの指令が発せられて、それを原因として身体が動くことで、成立します。つまりこの行為は、脳内の信号が発せられたことによる、必然的な結果なのです。では、脳内の信号はなぜ発せられたのでしょうか。それは、「私」の脳内の様々な化学物質の連関によって、そうした信号が発せられるに至る、生理的な作用が生じたからです。

当然のことながら、「私」の脳内にそうした信号を発生させる生理的な作用は、外界からの影響を原因としています。つまり、「私」が相手を殴ることの原因は、「私」ではなく、その外部の自然現象にまで遡ることができるのです。そして、先ほどと同じように、その原因はどこまでも遡ることができます。

ここから恐ろしい結論が導き出されます。もしも私たちが徹底的な決定論を採用するのであれば、この宇宙が誕生したときから、いまこの瞬間に「私」が相手を殴ることは、すでに決まっていた、ということになるのです。

同じことを別の例で言い表してみましょう。いまあなたはこの本を手に取り、ページを手繰っているわけですが、こうしてあなたがこの本を読んでいること自体、この宇宙が誕生したときからすでに決まっていた、ということになります。あなたには、いまこの瞬間、この本を読まないでいることなど不可能だったのです。

このように考えるなら、加藤のように厳しい家庭環境のなかで育たなくても、ミュウツーのように遺伝子を操作されていなくても、人間のあらゆる行動はすべて何らかの原因に決定されている、ということになってしまいます。そうした必然的な原因に左右されることなく、自由に行動することができる人間など、この世界に誰一人として存在しないのです。

飛ぶ石の比喩

言うまでもありませんが、このような考え方は、私たちの直観と著しくズレています。私たちは、誰もが、自分が自由に行為していると信じているはずです。コップを持ち上げようと思えば、「私」がコップを持ち上げることができます。それは、コップを持ち上げるかどうかは、「私」がそれを意志するかどうかによって決まる、と考えられているからです。「私」には、コップを持ち上げることもできるし、持ち上げないこともできる。その選択肢の中から「私」は行為を選択したのです。言い換えるなら、「私」が自分の意志でその選択をしなければ、「私」がコップを持ち上げることも起こらなかったはずです。このように、自らの行為を選択する能力を、自由意志と呼びます。

ところが、もしも決定論が正しいのだとしたら、自由意志を持つこと自体が不可能になります。そうであるとしたら、なぜ、私たちは自分が自由意志を持っている、と感じるのでしょうか。

この疑問に対する一つの有名な解説は、自分が自由だと感じることなど、ただの誤解に過ぎない、ということです。近代オランダの哲学者であるスピノザは、次のような面白い話をしています。

石を投げる場面を想像してください。その石は放物線を描いて地面に落下します。このとき、その放物線の形は、石の重量、方向、力加減によって定まります。それは投げられた瞬間に定まるのであり、実際に石が放物線を描く前から、その石が辿る軌道は決まっているのです。投げられた石はその決まったルートを辿ることしかできず、後から別の軌道を辿る可能性など最初からありません。したがって、このとき石は（当たり前の話ですが）自分の意志で自由に運動しているのではありません。

ところが、もしも石に意志があったら——日本語で書くと駄洒落になってしまいますが、スピノザが使っていたラテン語では普通の文です——、きっと石は自分の意志で空を飛んでいると勘違いするだろう、と彼は言うのです。つまり、実際には自由ではないのに、石は自分に自由な意志があると誤解してしまう、ということです。

スピノザによれば、自分を自由だと思い込んでいる人間は、結局のところ、そうした石と同じような存在に過ぎません。人間の行為は、他のすべての自然現象と同じように、それに先行する原因によって完全に決定されており、すべてが必然的に生起します。しかし悲しいことに人間は、自分が自由な意志を持ち、自分で選んだ行為をしていると、勘違いしてしまう――それが彼の説明です。

スピノザの主張が腑に落ちない方もいるでしょう。しかし、もしも私たちがこの世界を決定論に従って説明しようとするなら、彼の思想はむしろ理に適っています。なぜなら、あらゆる自然現象に必然的な原因があるのに、人間だけにはその説明を適用しないのは、首尾一貫していないからです。あるいは反対に、もしも人間に自由意志を認めるなら、この世界のすべての自然現象にも自由意志を認めなければならなくなります（実際に、そう考えた哲学者もいます）。

それも不可能ではないかも知れませんが、その場合、私たちは科学的な世界観をもはや信じることができなくなります。天気予報なども成り立たなくなってしまいます。そうした世界観を擁護することのほうが、理論的にははるかに困難だと言えるでしょう。だからこそ、人間の行為さえも決定論的に理解することは、むしろ理に適っているのです。

責任はどこへ行くのか

問題は、徹底的な決定論を受け入れるとき、責任という概念が完全に成り立たなくなる、ということです。

「私」が誰かを殴ることが、殴る前から決まっていた自然現象であり、それが「私」にとって不可抗力であるとしたら、どう考えても「私」に責任は発生しません。「私」には、自分が相手を殴るか否かを、そもそも選択できないからです。もしその行為に責任があるとしたら、宇宙の誕生の瞬間、すなわちビッグバンにまで遡らなければなりません。「宇宙が始まったことにすべての責任があるんだ」ということに行きつくのです（そう考えた哲学者もいます）。しかしその考えは、私たちが常識的に理解している責任概念を、破綻させる発想ではないでしょうか。

決定論を採用すると、いかなる犯罪者に対しても責任を問えなくなってしまいます。ただし、注意しておきたいのは、責任が問えないからといって、裁判そのものがなくなり、犯罪者が野放しにされたりするわけではない、ということです。

他者を殴ってしまった犯罪者は、殴ったことに対して責任を負えません。だからといって、その犯罪者を野放しにしておいたら、また別の人を殴るかも知れません。そのため、たとえ本人に責任がないのだとしても、社会はその加害者を拘束し、懲役などの罰を科すはずです。

重要なのは、そこでは罪に対する責任が問われるわけではない、ということです。犯罪者が自分の罪をどのように理解しているのか、そのことについて反省をしているのか、ということは、そもそもまったく問題になりません。決定論に基づいて設計された社会において、刑罰とは、ただ有害なものを取り除くための強制措置に他ならないのです。

たとえばそれは、人間が有害な動物を殺処分することに似ています。熊が町に下りてきて民家を荒らしていたら、人間はその熊を容赦なく射殺します。しかしこのとき、熊に対して責任を問い、その責任に応じた罰を与えているわけではありません。ただ民家を守るために、熊が有害な存在だから、射殺しているに過ぎないのです。

決定論を徹底して貫くなら、すべての犯罪がこのような形で処理されるでしょう。そのとき人間は、文字通り、動物と同じように扱われます。なぜなら、人間を動物から、あるいは動物でなくとも、その他の自然現象から区別する理由など、何もないからです。

しかし、人間をモノ扱いするこの世界観は、私たちの社会が前提としている原理とは根本的に異なっています。私たちは、人間が単なるモノではなく、各人が尊厳をもった存在であることを前提にしているからです。

人間の尊厳の根拠は、伝統的に、人間の自由意志によって説明されていました。つまり、人間は単なるモノとは異なり、自分の意志で行為できるからこそ、モノを超えた価値がある、と考えられていたのです。

決定論の立場から考えるなら、このような発想は受け入れがたいものです。なぜモノにはない自由が、人間にだけ備わっていると言えるのか——それを整合的に説明することは困難だからです。しかし、私たちは同じ程度に受け入れがたい困難さを、人間をモノ扱いする社会に対しても抱くでしょう。

決定論について考えることは、私たちを解決不能の袋小路に陥らせてしまうのです。

自由意志を前提としない責任

このように、決定論を採用するにしても、採用しないにしても、私たちは困難に直面することが分かります。この困難をいかに解決するか、ということに、歴史上の多くの哲学者が頭を悩ませてきました。

とはいえ、私たちがここで考えていくべきなのは、あくまでも責任の問題です。決定論をめぐる問題のすべてに、正面から向かい合う必要はありません。むしろ、この問題を回避しながら、決定論に抵触しない形で、人間の責任を考える道はないのでしょうか。

一つの可能性があります。それは責任という概念の考え方を変えるということです。伝統的に、責任は自由意志を根拠にすると考えられてきました。だからこそ、決定論によって自由意志が否定されると、自動的に責任の概念も成立しなくなるように思えるのです。本書でもこれまではそうした理解を前提にしてきました。

しかし、もしも責任の根拠が自由意志以外にもありえるとしたら、この前提は成り立たなくなります。自由意志ではない別の何かが、私たちの責任を支えていると考えられるなら、決定論との衝突を避けながら、人間の責任を基礎づけることができます。この方向性で考えを進めてみることにしましょう。

そもそも、責任が自由意志を根拠とする、と考えられているのはなぜでしょうか。この問題を考えるには、そもそも責任とは何であるかが明らかにされなければなりません。それもまた、決定論と同様に、本書がこれまで明確にすることを避けてきた問題でした。その上、決定論と比べると、責任の概念に関する議論は、哲学の歴史において必ずしも十分な蓄積があるわけではありません。

さしあたり次のように考えることができるでしょう。責任とは、「私」の行為を、「私」の行為として、理解するということです。たとえば「私」が誰かを殴ったとき、その行為に対して責任をもつことは、その行為を「私」がした行為として理解する、ということを意味します。この定義は、私たちにとっての日常的な責任概念の使い方に、ある程度マッチしているはずです。

では、どのようなときに、「私」は自分の行為を自分の行為として理解することができるのでしょうか。最初に考えられるのは、その行為の原因が「私」だけにある場合です。この時、「私」は自分の行為を他者のせいにすることができなくなります。自由意志とは、そのように説明するための概念装置だった、と考えることができます。

しかし、責任を説明するための概念装置が一つであるとは限りません。たとえば、ものを切断するために、ノコギリを使うこともできれば、レーザーを使うこともできるように、私たちは別の発想によって、責任のメカニズムを説明することができるかも知れません。そして、もしもそれに成功するなら、自由意志に頼らずに——つまり、仮に自由意志が成立していなかったとしても——人間の責任について語ることが可能になります。

では、そのような別の概念装置は、一体どこにあるのでしょうか。ここでは一つの非常に極端な事象を参考にしてみましょう。それは、「サバイバーズ・ギルト(Survivor's guilt)」です。

生き残った者の罪悪感

サバイバーズ・ギルトとは、戦争や災害などで身近な人々の命が犠牲になったとき、生存者に生じる心的外傷反応の一つです。

ある地域で大規模な津波が発生したとします。それによって地域には壊滅的な被害が発生し、多くの人命が失われます。しかし、その日たまたま用事で山の上にいて、幸運にも津波を免れ助かった生存者は、「なぜ自分だけが助かってしまったのか」と自分を責めてしまうことがあります。それがサバイバーズ・ギルトと呼ばれる罪悪感です。

アメリカの看護学者であるパトリシア・アンダーウッドはこの現象について次のように述べています。

サバイバー・ギルトを堪え忍んでいる人々は、自分が生き続けるべきではないと感じるようになります。彼らは、自分は親密な人間関係や友人関係、専門家としての成功を得る権利はないと感じます。そのような事は、亡くなった方や、傷ついた方、今なお傷ついている方に対して無礼なことだと考えます。自分が生き続けるべきではないとする他の方法としては、その残りの人生を亡くなった人の思い出を失わないようにすることに焦点を合わせて過ごします。そうすると、人々は、亡くなった人に拘束された状態となりますから、罪悪感や悲観を固守します。[32]

サバイバーズ・ギルトに囚われてしまった人は、自分が生き続けたり、幸福になったりすることが許せなくなってしまいます。あるいは、もしも生き続けるのであれば、せめて犠牲者のことを忘れてはならないと考え、そのトラウマから自由になることができなくなるのです。トラウマを忘れること自体が許されないと感じ、いつまでもトラウマに苦しみ続けることになります。

言うまでもなく、運よく生き残った人が罪悪感を抱く必要はなく、また抱くべきでもありません。その罪悪感に苦しんでいる人は、いち早くその苦しみから解放されなければなりません。また、周囲の人々はそうなるように支援するべきです。

日本災害看護学会では、サバイバーズ・ギルトに苦しむ人々への対応として、「①災害においては、生存するか否かは無作為であり、生き残ったものはそれを受容しなければならないことを繰り返し伝える。②生き残ったことを罰する必要のないことを知らせ、日常生活に復帰できるように支援する。③生き残った人の考えや感情、活動が展望を持てるように支援する。④支援したい、役に立ちたいと思っている生存者を支援計画に巻き込む。誰かの役に立ち、人助けをしているうちに生存したことへの罪悪感を小さくしていく」といった方策を示しています。[33]

しかしその上で、ここで考えてみたいのは、なぜ私たちはサバイバーズ・ギルトを感じうるのか、そうした現象がなぜ起こるのか、ということです。

先ほどの例で考えれば、たまたま山の上にいた人が助かったことは、決して、津波で死んだ人々の原因になったわけではありません。どう考えても、生存者が人々を津波で死なせたわけではないのです。しかし、それでも生存者が津波で死んだ人々に罪悪感を抱いてしまうのだとしたら、それはなぜなのでしょうか。

考えられる理由は次のようなものでしょう。すなわちそれは、自分が助かってしまったことに、合理的な理由が何もない、ということです。ただ一人、自分だけが生存することを正当化できるような理由を持たずに、たまたま運よく助かってしまった、もしかしたら他の人が助かるべきだったのかも知れないのに、なぜか、自分だけが生き残ってしまった——その理由のなさ、必然性のなさに、生存者が抱く罪悪感の根源があるのではないでしょうか。

しかし、考えてみると、これはおかしな話です。生存者は、自分の意志で生き残ることを決めたわけではありません。自分だけが生き残ってしまった、という事態の原因は、明らかに生存者にはありません。もしも自由意志を根拠とする責任概念に基づくなら、自分では選べなかったこの事態に対して、生存者が責任を感じることなどありえないのです。

つまり、サバイバーズ・ギルトを抱えてしまう背景には、自由意志に基づくものとは、まったく違った責任の概念が作動している、と考えざるをえません。それはどのようなものなのでしょうか。

人間は自分以外ではありえない

重ねて強調しておきます。筆者はサバイバーズ・ギルトを肯定していませんし、その罪悪感に苦しむ人は一刻も早くそこから解放されるべきだと考えています。

しかし、私たちは現実に、そうした罪悪感を抱いてしまう存在であり、そうである以上、私たちのなかにはそうした罪悪感を抱かせるようなシステムがインプットされているはずなのです。本書が注目しているのは、そうした、自分が自由に選んだことではない出来事に対してさえも責任を感じてしまう、人間の不思議なシステムに他なりません。

このシステムを読み解くために、一人の哲学者を参照することにしましょう。二〇世紀ドイツの哲学者、マルティン・ハイデガーです。[34]

ハイデガーは主著『存在と時間』のなかで、存在の意味への問いを探究し、人間の生に対して精緻な分析を試みました。責任の問題も、そのなかの非常に重要な局面で論じられることになります。

再び、決定論の問題に立ち返りましょう。決定論は責任を無効化するように思えました。決定論を取れば、「私」が他者を傷つけても、「私」はそのように行為せざるをえなかったのであり、その行為の原因は「私」ではない別の何か——突き詰めて考えるなら、宇宙の誕生の瞬間——にあるからです。

しかし前述の通り、現実の問題として、私たちは自分で自由に選ぶことのできなかった行為について、ある種の責任を感じます。その感覚が単なる錯覚ではないのだとしたら、たとえ自分で自由に選べなかった行為についても、「私」にはそれ以上遡ることのできない原因がある、ということになります。決定論に従うなら、そんな原因は説明できません。

この堂々巡りに対して、ハイデガーは次のような解答を示しています。すなわち、「私」が自分の行為に責任を感じるのは、自然現象における原因結果の関係という意味で、「私」に原因があるからではなく、「私」が「私」であること、「私」が存在すること自体に、何の理由もないからである、ということです。

どういうことでしょうか。厳密な決定論を採用して考えてみましょう。

「私」が他者を傷つけることは、この宇宙が始まったときからすでに決まっていたとします。「私」には、そのとき、その場所で、他者を傷つけないように行為することはできません。

しかし――ここで発想を大胆に切り替えなければならなくなりますが――そのように他者を傷つけてしまったのが、「私」でなければならなかった理由は何もありません。

つまり、その状況に立ち会っていたのは、「私」ではなく、他の誰かだったかも知れない、ということです。そうであるにもかかわらず、この宇宙のなかで、たまたまその状況に居合わせたのが「私」だったこと、このことには何の理由もありません。したがって、そのとき他者を傷つけてしまったのが「私」であることを、「私」は他の誰かのせいにすることができないのです。

そのように言うと、次のような疑問が寄せられるかも知れません。つまり、決定論に従うなら、そもそもその状況に「私」がいること自体、すべて決定されていたことなのではないか、というものです。たしかにその通りですが、それは話のレベルを誤解しています。

「私」なる人物――たとえば筆者――が、その状況に居合わせることは、確かにすでに決まっています。私は戸谷洋志という名前です。戸谷洋志がある状況で誰かを傷つけることは、戸谷洋志には避けることができません。しかし問題は、私が戸谷洋志であるという事実には何の理由もない、ということです。私が戸谷洋志であって、佐藤太郎でもなければデイビッドでもなく、犬でも海藻でもないということには、何の理由もないのです。

私たちは、生まれたときには、必ず誰かであることを決定されています。名前が与えられ、生まれた時代と場所が与えられ、環境が与えられます。それらは後から変えることができません。決定論に従うなら、その瞬間に私たちの人生はすべて決まってしまいます。しかし、「私」がその人物として存在し、別の人物ではなかったということ、このことには何の理由もありません。「私」が「私」であり、他者ではありえないこと、そのことは誰のせいにもできないのです。

　この「誰のせいにもでき無い」ということを、ハイデガーは人間の根源的な「無であること」と説明します。そして、この「無さ」を抱えるがゆえに、人間はそもそも自分では選ぶことができなかった出来事に対しても、責任を感じるのです。

　このときに前提とされている責任の概念は、自由意志を前提とするものではありません。それはまったく違った別の責任概念です。ではそれはどのようなものなのでしょうか。

　前述の通り、責任とは、「私」の行為を、「私」の行為として、理解させる概念でした。言い換えるなら、自分の行為を誰かのせいにしない、ということです。そうした事態を説明するための概念装置の一つが、自由意志でした。

　これに対してハイデガーの「無さ」は、自由意志ではなく、人間の存在のうちに、そうした責任概念の根拠を据えます。つまり、彼のロジックに従うなら、「私」の行為が自分以外の誰のせいにもできないのは、「私」が「私」であることに何の理由もないからです。「私」は誰かのせいで「私」になったのではありません。だから、「私」が「私」であることの責任は、「私」が引き受けるほかないのです。

前述のサバイバーズ・ギルトの例は、ハイデガーの「無さ」の概念を使うと、より明瞭に説明できるでしょう。「私」は、自分だけが生き残ってしまったことに罪悪感を抱くわけですが、生き残ってしまったことは、自分で選んだわけではありませんし、その結末はそもそも「私」が引き起こしたことではありません。しかし「私」は、そのようにして生き残った人間が「私」であることに、何の理由もないこと、つまりそれを誰のせいにもできないことに、責任を感じてしまうのです。

「良心の呼び声」

「私」が「私」であることには何の理由もない。「私」が「私」であることは誰のせいにもできない。だからそれは自分で引き受けるしかない。ハイデガーはここに責任の根源を見出します。

しかし、この推論に異論が寄せられることも十分に考えられます。「私」が「私」であることに何の理由もないとして、それは責任の根拠にはならないのではないか。それは結局、「私」が「私」であることが単なる偶然であって、その偶然に「私」は何の責任も負わないのではないか。そうした疑問が生じることは十分に考えられます。

そのような問いに、ハイデガーはどう応答するのでしょうか。

彼は、自分の存在の根拠の無さが突き付けられることを、「良心の呼び声」という比喩で説明しています。たとえば「私」が誰かを傷つけたとき、どれだけ仕方なかったという言い訳を考えたとしても、「でも結局、それをしてしまったのが、他ならぬ私でなければならなかった理由は、何もない」という形で、自分の責任を感じるのです。それが、一般に良心によって心が咎められるという現象だと、ハイデガーは考えます。

このときに重要なのは、良心が「呼び声」として作用するということです。良心は、単に「私」を批判したり、問い詰めたりするのではありません。むしろ、譬えて言えば、眠っている「私」に声をかけて起こし、覚醒させるように働きかけます。

何でもかんでも人のせいにして、あらゆることを仕方なかったと片づけている「私」に対して、「おい！」と声をかけ、自分の存在は決して人のせいにできないという事実へと目を覚まさせること――それが良心の呼び声なのです。

ここからが問題です。良心の呼び声は「私」に自分の「無さ」を突き付けますが、「私」にはその声を無視することもできます。たとえば、良心がどんなに「私」に働きかけても、それが聞こえてこないふりをして、「いや、やっぱり仕方なかったんだ」「私が他者を傷つけたのは、そんな風に私を育てた親のせいなんだ」と言って、目を背けるということです。そのとき「私」は、「私」が「私」であるということを、「私」ではない誰かのせいにしてしまいます。

それに対して、良心の声を自ら聴こうとするとき、言い換えると、自分の「無さ」に向かい合おうとするとき、「私」は、自分が自分であることを誰のせいにもできない、という事実を受け入れなければいけません。それが、自分自身を引き受けるということを意味するのです。

ハイデガーは、そのようにして良心を持とうとするあり方を、「決意性」と呼びます。そして、決意性を発揮することによって、人間は自分自身の本来の可能性に開かれる、と彼は主張するのです。

この主張の最大の長所は、以上のような責任の概念を、決定論をめぐる問題に抵触することなく説明できることです。自由意志を前提とした責任概念にこだわる限り、決定論が成立するか否か、という非常に複雑で厄介な問題に、議論は振り回されます。

それに対してハイデガーの言う決意性は、そうした議論を迂回しながら、「私」が自分の人生を自分の人生として引き受ける、という可能性を、説明できるようにするのです。

最後に、再び親ガチャの問題圏に戻り、このハイデガーの発想によって問題の見え方がどのように変わるのかを検討してみましょう。

自分自身を引き受ける

本章では、決定論と自由、そして責任の問題をめぐって、自分の人生を引き受けることがいかにして可能なのか、という問いについて考えてきました。

親ガチャ的人生観は一つの決定論です。この人生観を前提とするなら、「私」がいまの「私」であるのは、自分が生まれてきた環境、親のせいであるということになります。

実際に、決定論の水準で考えるなら、この推論は正しいのかも知れません。

だからといって、「私」の人生を「私」の人生として引き受けられなくなるわけではありません。確かに親の影響は極めて大きいです。家庭環境のせいで選択肢が狭まることもあるでしょう。しかし、そのような環境に生まれてきた人物が、他の誰でもなく「私」であるということは、誰のせいにもできません。「私」が「私」であることは、誰のせいにもできないのです。だからこそ、私たちは思うままにならない人生であっても、その人生が自分のものだと思うことができる――筆者はそのように考えています。

このように自分自身を引き受けることの真価は、自分の人生をよりよいものにしようと配慮すること、自分を尊重しようとする態度を可能にする、という点にあるのではないでしょうか。

第2章で述べたように、親ガチャ的人生観は、私たちを自暴自棄にさせる傾向を持ちます。それは、自分の人生を生きているはずなのに、まるでそれを他人の人生のようにぞんざいに扱うことを促していきます。

もちろん、親ガチャ的人生観は、私たちが現実世界で直面する苦境に対する、一つの応答です。そうした思想を一概に否定したり、強制的に考えを変えさせたりすることは、間違っていますが、そうした人生観に従って生きることが、さらなる苦しみを呼び起こす可能性も、十分に考えられるべきです。

自分自身を引き受けるということは、そうした苦しみを取り除く力を、あるいは少なくとも和らげる力を、私たちに与えてくれるのではないでしょうか。

ただし、こうした責任概念は、一歩間違えれば、非常に苛烈な自己責任論へと陥っていく危険性も含んでいます。どんなに苦しい状況に置かれても、その責任を引き受けるべきだ、と理解されれば、それは苦境に陥っている人に追い討ちをかけることにしかならないでしょう。人間の責任を擁護しながら、こうした危険性を回避するには、どうしたらよいのでしょうか。それを次章でさらに考えていきたいと思います。

【脚注】

32 パトリシア・アンダーウッド「サバイバー・ギルト：災害後の人々の心を理解するために」ウイリアムソン彰子訳、『日本災害看護学会誌』第七巻、第二号、二〇〇五年、二三 - 三〇頁。

33 日本災害看護学会「災害看護関連用語　サバイバーズ・ギルド」http://words.jsdn.gr.jp/words-detail.asp?id =28（二〇二一年八月九日閲覧）。

34 ハイデガー『存在と時間』第6巻、中山元訳、光文社古典新訳文庫、二〇一九年。

第6章　親ガチャを越えて

前章で私たちは、出生の偶然性を否定することなく、むしろそれを肯定しながら、自分の人生を自分の人生として引き受けることが可能である、と気づきました。ただし、それは非常に残酷な結論に至ってしまう恐れがあります。すなわち、どんな苦境に陥っていたとしても、その責任は自分にあるのだから、他人のせいにしないで、一人で背負い込まなければならない、そうした結論です。

これは、第1章でまさに私たちが批判した、自己責任論とほとんど変わらないロジックです。当然ですが、それは親ガチャ的厭世観に苦しんでいる人々にとって、追い討ちをかけることになります。

自己責任論は人々を分断する論理です。残酷な自己責任論を回避するには、分断を乗り越え、連帯が可能である社会のあり方が模索されなければなりません。しかし、どのように考えれば、責任の概念と整合させる形で、そうした連帯を構想することができるのでしょうか。本章ではその可能性を模索してみたいと思います。

苦境のなかで責任の主体にはなれない

私たちは自分の意志でこの世界に生まれてきたのではありません。私たちの人生は、自分の意のままにならない様々な出来事によって、私たちを置き去りにしながら、形作られていきます。しかし、そうであるにもかかわらず、私たちはその人生を自分の人生として引き受けることができる、少なくともその可能性は残されている――それが、第５章で到達した答えでした。

自分の人生を自分の人生として引き受けることとは、自分自身に向かい合うということを意味しています。しかしそれは、苦境に陥っている人にとって、非常にハードルが高いことでもあります。

親ガチャ的厭世観の本質にあるのは、「自分がこの人生を歩んでいるのは、自分のせいではないんだ」という、自分自身からの逃避です。そうした人に、責任の主体であることを要求することは、自分から逃げることを止《や》め、自分自身を見つめ直すことを強いる、ということを意味します。

それがいかに残酷な要求であるかは、想像に難くありません。というより、そんなことは不可能であるようにさえ思えます。そもそも、そのように自分から逃げざるをえない人は、そうしなければ耐えられないほどの苦境に陥っているのです。

二〇世紀フランスの哲学者シモーヌ・ヴェイユは、この問題を鋭く指摘しています。彼女は変わった哲学者でした。大学に勤めて研究室で本を読み続けるのではなく、弱い立場に置かれている人のために行動し、自分自身も苦しい環境に身を置くことで、思索を深めていったのです。

あるとき彼女は、生まれつき身体が弱いにもかかわらず、当時の社会問題となっていた過酷な労働を体験するために、工場に勤務しました。その記録が、『工場日記』という本のなかに残されています。彼女は、その現場から洞察した、苦境に陥った人間のあり方を次のように描いています。

ひどい疲れのために、わたしがなぜこうして工場の中に身をおいているのかという本当の理由をつい忘れてしまうことがある。こういう生活がもたらすもっともつよい誘惑に、わたしもまた、ほとんどうちかつことができないようになった。それは、もはや考えることをしないという誘惑である。それだけが苦しまずにすむ、ただ一つの、唯一の方法なのだ。[35]

毎日、へとへとになるまで働き、疲れ切っていた彼女は、そのように自分が置かれている状況について、考えることを放棄していました。そうしなければ生き続けることができなかったのです。そしてそれは、彼女だけではなく、工場で苦境に立たされていた多くの人に共通する傾向だった、と彼女は分析するのです。

自分自身に向かい合わないこと、自分が陥っている苦境から目を背けること。たしかにそれは思考停止です。しかし、思考を停止させなければ生きていけないほどに、苦しめられ、傷つけられる人も存在します。そうした人々に、「自分自身と向かい合え」「自分自身を引き受けろ」と要求することは、それ自体が暴力でしょう。

他者の声に耳を傾ける

しかし、だからといって、苦境に陥っている人はもはや救いようがない、などと結論づけることは性急です。あるいはそうした人に対して、「自分から逃げてもいい」と語りかけることも、常に正解であるようには思えません。それによって苦境のなかにある人は自暴自棄に陥るかも知れないからです。

問題なのは、苦境に陥っている人は、自分の意志で自分と向かい合わないのではなく、そうせざるをえない状況に追い込まれている、ということです。私たちが解決するべき課題は、この状況をいかにして改善するか、ということでしょう。

哲学者の鷲田清一は、対話のなかで相手の言葉を「聴くこと」のうちに、その鍵を見いだします。

聴くこと、それは文字通り、相手の言葉に耳を傾けることです。ただしそれは、相手に同意したり、相手の意見を支持したりすることを意味するわけではありません。鷲田によれば、そうしたことは問題ではありません。重要なのは、「私はあなたの声を聴いている」ということ、「あなたの声がきちんと私には届いているよ」ということを、相手に伝えることです。

自分の言葉が他者に届いているという感覚、他者が自分の声を待ち、それを迎え入れてくれるという感覚、そうした感覚は、苦境に陥っている人に不思議な力を与えます。一人ぼっちでは自分自身について考えることができないかも知れないけれど、自分の言葉を誰かが聴いてくれる、それも、どんなことを言おうとも、内容に関わりなく、それを聴いてくれるという確信を持てるなら、自分自身を語ることを通じて、自分と向かい合うことができる――鷲田はそう主張します。[36]

自律的な思考は、自分のことを他者が聴いてくれるという信頼を条件としている。その条件が欠如しているとき、人間は自律的に思考することもできなくなる。これは非常に逆説的な発想です。なぜなら、自分の人生を引き受けるために、私たちは他者に耳を傾けてもらう、そうしたケアをしてもらうことを必要とする、ということになるからです。

第2章で紹介した、秋葉原通り魔事件の犯人である加藤は、自身が自暴自棄に陥った原因として、親からの影響を挙げていました。そこに付け加えるようにして、周囲が自分の話を聴いてくれなかった、という点を強調しています。もちろん、それが真実か否かは分かりません。もしかしたら加藤は、どうせ自分のことを話しても誰も聴いてくれないだろうと高をくくり、そもそも誰にも自分の胸の内を語っていなかったかも知れません。

問題は、彼が、自分の話なんか誰も聴いてくれないだろう、と思い込んでいた点にあります。もしも彼がその思い込みを免れることができたら、事件は回避されていたかも知れません。

責任の主体であることの条件としての、他者からのケア——これは、これまでの哲学の議論であまり重視されてこなかった側面でした。責任はむしろ、人間の強い自律性を、つまり独立した個人としての意志を要求する概念として扱われてきたからです。前章でハイデガーの決意性を取り上げましたが、それはまさに、あらゆる人間関係を絶った孤独な決断として、人間の本来性を説明するものでした。

しかし、人間がそうした責任の主体であるためには、むしろ、自分の話を聴いてくれる他者がいるという、ある種の他者への依存を必要とするのです。この意味において、他者に依存することは、決して、自分の人生から逃げることを意味するわけではないのです。

「保育園落ちた日本死ね!!!」が意味すること

誰かが自分の声を聴いてくれることへの信頼――それは、私たちの社会からどんどん失われているように思えます。

二〇一六年には、そのことを印象づける出来事が起こりました。保育園の抽選に落ちた親が、「保育園落ちた日本死ね!!!」というタイトルで、次のようなブログを投稿したのです。以下、その一部を抜粋して紹介します。

何なんだよ日本。

一億総活躍社会じゃねーのかよ。

昨日見事に保育園落ちたわ。

どうすんだよ私活躍出来ねーじゃねーか。

子供を産んで子育てして社会に出て働いて税金納めてやるって言ってるのに日本は何が不満なんだ？

何が少子化だよクソ。

子供産んだはいいけど希望通りに保育園に預けるのほぼ無理だからwって言ってて子供産むやつなんかいねーよ。[37]

ブログは、待機児童問題を批判する叫びとして世間から大きな注目を集め、国会で取り上げられるだけでなく、同年のユーキャン新語・流行語大賞のトップテンにランクインしました。

ここで注目したいのは、保育園に落ちた絶望が、直接的に国家へ向かっている、ということです。

投稿者が直面している苦悩は、仕事と子育てを両立することができなくなり、自分の思い描いていた人生を歩めなくなったことでしょう。そして、その問題を解決できるのは国だけだった、と、投稿者は考えているのです。だからこそ、国に対して怒りの矛先が向けられています。

投稿者の生きている世界には、あたかも、家庭と国家しか存在しないかのようです。国家が助けてくれなかったら、誰も助けてくれない――そうした環境に、この投稿者は置かれているのです。

しかし、伝統的な日本社会には、家庭と国家の間に位置するコミュニティ、中間共同体が存在しました。いわゆる地縁と呼ばれるコミュニティがそれに該当します。お隣さん、近所のおじさんやおばさんです。若い両親が子育てに困っているとき、まず頼ることができたのは、国家ではなくてそうした地域のコミュニティでした。たとえ国家が自分のことを無視しても、近所の人は自分の話を聴いてくれる――そうした信頼が社会のなかに当たり前のように存在していたのです。

しかし、ブログの投稿者に、そうした中間共同体への信頼は皆無です。その非常に攻撃的な口調は、自分の言葉が誰の耳にも届かないことに対する、深い悲しみの裏返しでもあります。そうした絶望が、子育てという、人生でもっともハードな仕事を引き受ける親の心を蝕んでいることは、誠に憂慮するべき事態でしょう。

〈われわれ〉の空洞化

もっとも、だから伝統的な地縁を復活させよう、と訴えたいわけではありません。伝統的地縁には、それはそれで問題がありました。たとえばそこでは女性の人生の選択肢は著しく限られていました。「保育園落ちた日本死ね!!!」の投稿者が嘆いているのは、まさにその選択肢が奪われていることなのです。

問題なのは、この投稿者にとって、頼ることのできる中間共同体が存在せず、そのために自分の声を聴いてくれる第三者との信頼関係を築けなくなっていることです。そうした信頼こそが、私たちが自分の人生を自分の人生として引き受けるための、条件であるにもかかわらず、です。

中間共同体の喪失は、人口の流動化と、それに伴うセキュリティ意識の高まりによって生じたと言われています。高度経済成長期を経て、日本では核家族化が進行しました。

地方の若者が都市部へ流入し、郊外へ居を構え、新たな家庭を築くようになっていったのです。その結果、従来の地縁的コミュニティは成立しなくなり、近隣に住む人々との共同性は希薄になっていきます。お隣さんと挨拶することはあっても、雑談をしたり、情報交換をしたりする光景は、ほとんど見られなくなりました。

その結果として生じたのは、近隣にどんな人が住んでいるのか分からない、という不安感です。そうした不安感が、セキュリティに対する人々の意識の高まりを後押しすることになります。

セキュリティは国家のシステムによって担われます。たとえば日本では一九九五年のオウム真理教によるテロ事件を契機として、街中に監視カメラが設置されるようになりました。これは、街の秩序を国家のシステムに委ねようとする態度です。もちろん、それによって犯罪を予防できたり、犯罪者の迅速な逮捕が可能になったりすることは事実でしょう。しかしそれは、もはや街の秩序がその住人たちによって形成されるものではない、ということを意味します。住人たちは、自分たちが住む共同体を主体的に担うことなく、コミュニティのあり方について何も考えなくてよくなったのです。

社会学者の宮台真司は、こうした事態を「システムへの過剰依存」[38]と表現しています。それは、私たちがあるコミュニティの一員であるという感覚、いわば〈われわれ〉の一人であるという感覚を、空洞化させていくのです。

こんな状況のなかでは、自分の話を聴いてくれる他者の存在を信じられなくなるのは、ある意味当然でしょう。「私」は、どのコミュニティにも所属しておらず、またどのコミュニティからも必要とされていないからです。「私」の話を聴きたがっている人間など、誰もいないからです。

「保育園落ちた日本死ね!!!」の投稿者も、秋葉原通り魔事件の加藤も、そうした背景のなかで孤立に苛まれたに違いありません。

新しい中間共同体

傾聴には共同体が必要です。しかし、伝統的な地縁的コミュニティは解体しました。しかも偶発的にではなく、構造的に、歴史の流れに従って解体したのです。そうである以上、かつての地縁的コミュニティの復活を期待することは、単なるノスタルジーに過ぎません。私たちは別の可能性を考える必要があります。

一つの方法は、人為的に対話の場を創出することです。つまり、もともとは存在していなかった、対話することを目的としたコミュニティを、新たに創り出すのです。

その事例として、哲学対話の営みを挙げることができます。哲学対話とは、欧米で発祥した対話型ワークショップの形式であり、数人から数十人の人々が、特定のテーマについておよそ二時間かけて語り合う、というものです。特に結論を出さなければならないわけでもなく、合意に至る必要もありません。ただ、参加者は自分の思っていることを、思うままに話せばよい、ということになっています。

「哲学」という名前はついていますが、別に哲学的な専門知識に言及しないといけないわけではありません。たとえば、「愛とは何か」というテーマなら、自分が経験してきた愛について語り合い、そこから、私たちが常識としている愛の概念が問い直されることになります。そのようにして、問いそのものが刷新され、思考の深まりを体験できるということが、哲学対話の魅力です。

哲学対話は、学校で授業の一環として行われることもありますが、カフェや書店などで一般市民を対象に開かれることもあります。かくいう筆者も、地域で哲学対話を長く実践してきました。近所に住んでいるわけでもなく、また互いにほとんど素性を知らず、普段の仕事がバラバラな、年齢や性別も多様な人々が、ともに愛だの正義だのを考えている光景は、とても不思議であり、またどこかありえない出来事のようにも思えます。

同じ場所で何度も哲学対話を行っていくと、だんだんと常連さんが集まるようになり、そこにはある種のコミュニティが形成されていきます。それは、純粋に対話することだけを目的にした共同体です。筆者はそこに、伝統的な地縁コミュニティに代わる、新しい中間共同体の可能性を感じています。なぜならそれは、対話が行われる時間にだけ存在し、対話の終結とともに解散する、一時的なコミュニティだからです。

哲学対話の実践家のなかには、特に、一人で問題を抱えている人、なかなか自分の悩みを語れない境遇にいる人々に向けて、対話の場を創り出そうとする人々もいます。たとえば、幼い子どもをもつ母親たち、少年院の少年たち、日雇い労働者たちなど、それぞれに困難な状況を生きている人々を対象とした哲学対話です。

そうした試みが、もっと多様に、日本中の至るところで生まれていけば、自分の言葉を聴いてくれる人がいない、という根本的な苦境を、ある程度緩和することができるのではないでしょうか。

ただし、その際にはクリアされなければならない問題があります。ほとんどの場合、苦境に陥っている人々にはそうした対話の場に赴く余裕がない、ということです。ここでいう余裕とは、時間的な余裕、あるいは経済的な余裕を指しています。仕事の後に、あるいは土日に、わざわざ他者と対話する機会を作れる人、あるいは作ろうと思える人は、そもそも限られているでしょう。

要するに、他者と対話するということ自体が、余裕がなければできないことなのです。そうである以上、その余裕は、社会によって保障される必要があると筆者は考えます。

ロールズの思考実験「無知のヴェール」

日本国憲法では、「健康で文化的な最低限度の生活」が国民に保障されていますが、その「最低限度」のラインがどこに引かれるかは、非常にシビアな問題です。そこには様々な観点がありえるでしょう。筆者としては、少なくともそうした観点の一つとして、望んだときに対話の場に参加することができる、ということを勘案するべきだと思います。

もちろん、それが哲学対話である必要はありません。近年、地域では様々な対話型ワークショップが行われており、新たなコミュニティも生まれています。重要なのは、そうしたコミュニティに参加したいと思ったときに、自由に参加できること、そのコミュニティへのアクセスが可能であるような、時間的・経済的余裕が保障されている、ということです。

しかし、対話へのアクセスを社会が保障する、ということは、人々から税金を徴収し、それを再配分するということを意味します。そうである以上、その行動は公正なものであるか否かが問い直されることになります。自分たちの払った税金が、なんで知らないやつが対話するために使われないといけないんだ——といった不満の声が噴出する可能性も、否めないからです。

では、社会保障の公正さは、どのように正当化できるのでしょうか。

アメリカの政治哲学者ジョン・ロールズは、私たちの社会で認められるべき最低限の保障のラインを明らかにするために、「無知のヴェール」と呼ばれるアイデアを提唱しました。これは、人々が自分の社会的な属性——すなわち、職業、性別、階級など——に関する知識をすべて失い自分が誰か分からなくなった状態で、望ましい社会制度について意見を交わした場合、どんな合意に至るかを構想する、という思考実験です。

なぜ、わざわざ「無知」の状態に置くかというと、人々はふつう自分の置かれている状況を前提にして、自分にとってもっとも望ましい政策を選んでしまうからです。たとえば、努力して社会的に成功し、裕福な生活を送っている人は、自分の払った税金を貧しい人のために使いたくない、と考えるかも知れません。

しかし、このような考え方は、そもそも公正ではない、とロールズは考えます。成功している人は、生まれた環境が恵まれていた可能性が高いからです。両親が高学歴で高年収の家庭に生まれた子どもは、家にたくさんの本があり、幼い頃から自然と学習する機会に恵まれます。また両親から、努力をすれば報われる、勉強をするとよいことがある、という価値観を教えられるため、努力することに対して前向きになることができます。一方、家にほとんど本がなく、また努力なんかしても結局は無駄である、という価値観をもつ両親のもとで育った子どもは、努力することに対して前向きになれないでしょう。

社会的に成功しているか否か、裕福か否かの違いは、結局のところ、どの家庭に生まれてくるかによって条件づけられる、ということになります。もちろん努力して勝ち得たものは尊重されるべきです。しかし、私たちが立っているスタートラインはそもそも平等ではないのです。その現実を無視して、自己責任を盾に、苦境に陥っている人々を放置する社会は、不公正である——彼はそのように断じます。

この発想は、ある側面では親ガチャの考え方に似ています。両者はともに、人間の人生が、自分では選択できない出生の偶然性によって、大きく左右されることを前提としています。しかし異なっているのは、ロールズが、あくまでも社会制度の設計によってその不公正を是正できる、少なくとも改善することはできる、と考えていた点です。この意味で、彼は決して決定論的ではありません。

もっとも弱い人の立場から社会を考える

話を戻しましょう。「無知のヴェール」を被ったとき、人々は自分が現実に置かれている状況を無視して、どのような社会が望ましいかを考えるようになります。そのとき人々はどんな価値観で、誰の利害に注目して、社会制度を評価するのでしょうか。

ロールズによれば、そのとき人間は、自分がその社会でもっとも不利な条件に置かれていることを前提にして、望ましい社会を考えることになります。たとえば、もしも学校に通えないほどお金がなかったら、もしも親が虐待をする家庭の子どもだったら――そうしたことを念頭において考えるのです。

つまり、こういうことです。人間は、自分の置かれている状況を知っている限り、自分の置かれている状況にとって望ましい社会を選ぶ。しかし、その知識を遮断され、自分の置かれている状況が分からなくなると、もっとも不利な状況に置かれた者の立場になり、そうした人にとってもっとも望ましい社会を選ぶ。そのようにして、みんなが合意できる社会がもっとも公正な社会のあり方である――彼はそのように考えるのです。

彼によれば、無知のヴェールの思考実験から導き出されるのは、もっとも恵まれていない人の利益が最大になるような社会に他なりません。彼の想定では、言論の自由が保障され、誰もが学校や病院に通うことができる社会が、そこから導かれることになります。国は、人々から集めた税金を、このような社会を実現するために配分するべきであり、人々は自分が納めた税金がそのように使われることを、受け入れなければなりません。なぜならそれが公正な社会だからです。

これは、決して、市場競争をするべきではない、ということではありません。また、裕福な人と貧しい人の間の格差を完全になくすべきである、ということを意味するわけでもありません。競争に勝つ人がいてもいいし、格差があっても構いません。ただ、そうした格差が認められるのは、それがもっとも弱い人の利益を最大限に援助したときだけである、ということです。もっとも弱い人が、社会保障によって人間らしい生活を送れるのであれば、お金持ちはいくらでもお金持ちになればよいでしょう。

筆者は、対話にアクセスできる権利を、こうした社会保障に組み入れるべきだと考えています。それは、仕事のあと、あるいは休日に、家の外でちょっとした集まりに参加し、だらだらと話をすることができるだけの、経済的・時間的な余裕の保障です。たとえばそこには、金銭的な支援だけではなく、育児や介護などに関するケアも含まれるはずです。それが親ガチャ的厭世観に蝕まれる現代に求められる、公正な社会の姿なのです。

社会 as a Service

しかし、このような解決策も、先ほどと同じ問題に直面します。それは、中間共同体の喪失、すなわち〈われわれ〉の喪失という問題です。

そもそも、社会の公正さが問題になるのは、私たちがそのメンバーであり、他のメンバーを「仲間」としているからです。そうしたメンバーシップが前提になるからこそ、「私」は「無知のヴェール」を被り、自分の税金が仲間のために使われることを許容できます。しかし、そうしたメンバーシップ、いわば〈われわれ〉の感覚が消えてしまったということが、現代社会の条件であり、また私たちが直面している苦境の遠因でもあるのです。

たしかに中間共同体は消えてしまったが、国家という共同体は依然としてコミュニティとして機能するのではないか、という反論が考えられるかもしれません。実際、「保育園落ちた日本死ね!!!」の投稿者も、あらゆる中間共同体をすっ飛ばしながら、「日本」という国家に対しては、自分の意見を表明しているわけです。

果たして、そこに希望を託すことはできるのでしょうか。私たちは同じ国の国民であるというアイデンティティによって、互いに助け合うことができるのでしょうか。

残念ながら、少なくとも現状はそうなっていません。そもそも私たちにとって、国家とは何なのでしょうか。それは、私たちの支え合いで営まれるものだと認識されているでしょうか。筆者にはあまりそうは思えないのです。

最近、ＩＴの業界では「as a Service」という概念がよく語られています。たとえばこれまでだったらダウンロードしてインストールしなければならなかったソフトウェアを、インターネット上で自由に利用できるサービスは、「SaaS：Software as a Service」と呼ばれます。これは要するに、実体そのものを捨象《しゃしょう》し、そこから得られるサービスだけを抽出しよう、という発想です。

　私たちは、社会もまた、そうした as a Service 的なものとして捉えているのではないでしょうか。つまり、税金を支払って、その対価として一定のサービスを受けとる、そうしたシステムの総体として、国家を理解しているのではないでしょうか。そうであるとしたら、そこにメンバーシップはまったく不要になります。私たちは、あくまでも個人としての「私」がどうありたいかだけを考えて国家に関わるのであり、〈われわれ〉として、どうありたいかを考えているのではないのです。

　メンバーシップが欠如している以上、そこにはロールズが期待していたような、社会の構成員による協働は期待できません。人々は、自分が支払った税金が、自分に利益があるよう使われているか否かだけに拘泥することになります。そしてそのとき、たとえ社会に生まれつき苦境に陥っている人がいても、自分とは関係がないと切り捨て、そこに税金が使われることは許せなくなるのです。

　ここで話は振り出しに戻ってしまいます。〈われわれ〉が失われてしまったからこそ、対話が行われる社会が必要になるが、〈われわれ〉が失われているがゆえに、そうした社会が望ましいと思える動機もまた失われているのです。私たちはこの状況をどのように打破すればよいのでしょうか。

ナショナリズムの限界

近年、国家への帰属意識を高めようとする動向が、至る所で出現しているように思います。いわゆるナショナリズムと呼ばれる思想です。それが目指しているのは、国家の実体としてのメンバーシップを取り戻すこと、〈われわれ〉の感覚を復活させることでしょう。しかし、筆者は、ナショナリズムは結局のところ根本的な解決策にならないと考えています。理由は二つあります。

第一に、ナショナリズムは排除を伴うからです。確かに、国民が一様に国家への帰属意識を持てば、そこには強固なメンバーシップが生まれます。しかし、そこに出現する〈われわれ〉は、〈われわれではないもの〉すなわち典型的には外国人を排除することによって、成立しています。そもそも国家とは、固有の領土を持つことによって成立するのであり、その意味で排他的です。その国家をアイデンティティとするメンバーシップは、必然的に、同じような排他性を帯びざるを得ないのです。

しかし、グローバル化が深く浸透した現代社会において、このような排他性はかえって社会を混乱させるでしょう。私たちの身の回りには、当たり前のように、外国からやってきた労働者や観光客がいます。そうした人々が私たちの社会を担う存在であることは疑いえません。しかし、ナショナリズムに基づくメンバーシップは、そうした人々を〈われわれ〉から排除します。問題は形を変えるだけで、何も解決されておらず、裕福な者と貧しい者の間に引かれていた分断線が、国民と外国人の間に引き直されるだけなのです。依然として、この社会には苦境に陥り、対話する機会を奪われた人々が存在し続けることになります。

第二に、ナショナリズムに基づくメンバーシップは、私たちが受け入れざるをえない出生の偶然性によって、そもそも揺らぐように思えます。私たちは、たしかに、ある国に生まれ、その国の国籍を得ることで、その国のメンバーになります。その限りにおいて、「私」がそのコミュニティのメンバーであることには、必然性があります。

しかし、そもそも「私」がその国に生まれてきたこと自体は、まったくの偶然です。「私」は、別の国に、別の時代に生まれていたかも知れないからです。結局のところ、「私」がその国の国民である必然性は何もない、つまりそのコミュニティのメンバーにならなければならない理由は、どこにもありません。

確かにナショナリズムに訴えかける言説は、私たちがメンバーシップを共有することを正当化するために、さまざまな理由を提示してきます。たとえば遺伝子に訴えかける生物学的な言説や、文化の連続性に訴えかける民族史的な言説、はたまた精神性に訴えかけるスピリチュアルな言説など、色々なパターンがあります。これらは、基本的にはすべて、客観的に真実とは言えないものばかりです。

たとえ真実だったとしても、それが「私」がそのコミュニティのメンバーでなければならない理由にはならないのです。なぜなら、そもそも「私」がそのコミュニティに生まれてくる必然性などなかった、そのコミュニティの一員になったのは、まったくの偶然だったからです。

〈われわれ〉を拡げていく

では、結局、どうしたらよいのでしょうか。

残念ながら、筆者に「これ」という具体的な解決策があるわけではありません。しかし、少なくとも考え方の指針として、次のようなアイデアが有効なのではないかと考えています。

すでに存在している〈われわれ〉へと人々を帰属させるのではなく、人々がすでに所属している〈われわれ〉のなかに、それまで〈われわれ〉ではなかった人々を含めていく、そうして〈われわれ〉の外縁を拡張していく、ということです。

アメリカの哲学者リチャード・ローティは、そのようなアプローチを「連帯」と呼びます。興味深いのは、彼がそうした連帯の可能性を、私たちの出生の偶然性から導き出してくる、ということです。

人間は、ある国家に、ある共同体に、ある家族に所属しています。しかしそれはまったくの偶然です。そうである以上、そのように自分が置かれている環境のなかで形成された価値観もまた、偶然そうであったに過ぎないもの、別でもありえるようなものに過ぎません。

たとえば筆者は日本に生まれました。だから、日本的な価値観を持っています。しかし、筆者は日本に生まれてこない可能性もありました。もしかしたら、アメリカに生まれていたかも知れないし、韓国に生まれていたかも知れません。そして、もしそうなっていたら、きっと筆者はいまとは違った価値観を身に着けていたでしょう。

違う国で生きた場合、その文化や価値観の中で育ちますから、いま自分が信じている価値観が、絶対に正しいと言い切ることができないことになります。ここで注意するべきことは、それは、私たちのいまの価値観が間違っている、ということを意味するわけではない、ということです。絶対的に正しい価値観がないのだとしたら、絶対的に間違っている価値観もまたないのです。みんな、この世界に偶然生まれてきた者同士、自分が正しいと思ったものを信じて生きている。そうした多様性を認め合うことができればよいのです。ただし、その多様性を認めることができるためには、自分の価値観が絶対に正しいわけではない、ということを受け入れなければなりません。

それに対して、自分の価値観こそが絶対的に正しいのであって、別の価値観は間違っている、したがってそんなものは否定して構わない、という態度を、ローティは「残酷さ」[39]と呼びます。私たちが自らの偶然性に目を向けるなら、そうした態度は決して正当化することができません。

私たちは多様な価値観を認め合うべきです。しかし、ただ一点、一致して回避しなければならないことがあります。それは残酷さに陥ること、その存在を否定され、尊厳を踏みにじられ、傷つけられる人々を無視することです。

残酷さの回避が意味しているのは、〈われわれ〉の偶然性を認めることで、その外側にいる人々と連帯すること、そうした人々とともに新たな〈われわれ〉になる、ということです。もちろん、それはすべての人々が一色に染まる、全体主義のような共同体を作ることではありません。〈われわれ〉は、誰もが偶然生まれてきたのであり、それぞれ違ったことを信じていてよいのです。ただ一つだけ、残酷さを回避するということ、自分が絶対的に正しいという傲慢に陥らないということについてだけ、連帯するべきなのです。

では、そうした連帯を実現するために、私たちには何が必要なのでしょうか。ローティによれば、それに不可欠なのは、想像力です。つまり、「私」の目に見えないところ、知らないところで、人々が傷ついているのではないか、苦しんでいるのではないか、と思いを馳せることです。そして、そうした人々が自分の仲間であると感じること、そうした感性を育むことが、この世界に連帯の輪を拡げるためには欠かせない、と彼は指摘します。

偶然性と連帯

苦境に陥った人間が、自分自身を引き受けられるようになるためには、自分の声を誰かが聴いてくれるという信頼が必要です。しかし、そうした対話を可能にする中間共同体が、現代社会からは失われつつあります。それは、伝統的な地縁的コミュニティが、社会構造の変化によって空洞化してきたからです。それに対して、人為的に対話の場を創出し、コミュニティを創生しようとする動向もあります。人々がそうしたコミュニティにアクセスできるためには、相応の時間的・経済的な余裕が必要であり、その余裕を確保するだけの社会保障が必要不可欠です。

一方で、対話にアクセスする権利を保障することは、その権利を必要としない人、すなわち恵まれた状況のなかで生きる人々にとって、何の利益にもなりません。そうした人々にとって、苦境に陥った人々が対話にアクセスできないのは、努力をしなかった本人の責任であり、そうした人々のために自分が支払った税金を配分しようとする動機は起こりません。

このことは、恵まれた状況にある人々にとって、苦境に陥った人々が、〈われわれ〉であると思えない、という状況に由来します。もしも双方が〈われわれ〉の一員として認め合えるなら、ロールズの提唱する「無知のヴェール」によって、社会保障を拡充する動機を確保できるでしょう。問題は、前述のような中間共同体の消失によって、そうした〈われわれ〉を形作るコミュニティが失われていることに帰着するのです。

そのような状況を乗り越えるにはどうしたらよいのでしょうか。そのために必要なのは、結局のところ、私たちの出生の偶然性に立ち返ることでしょう。恵まれた状況を享受する人々にとって、たとえ自己責任論がもっともらしく見えたとしても、その価値観が絶対的に正しいという根拠はありません。そもそもこの世界に、絶対的に正しい価値観などというものはないのです。ただ唯一、多様な価値観を持つ者同士が一致しなければならないのは、残酷さを回避するということ、苦境に陥っている人々の尊厳が傷つけられ、人間らしい生き方を否定されることを、なんとしてでも避けることです。

そして、苦境に陥った人々とそのように連帯するためには、恵まれた状況にある人々が想像力を持つことが必要になります。自分の見えないところで、自分の知らないところで、誰かが苦しみ、傷ついているかも知れない。そうした想像力の涵養《かんよう》が求められます。

こうした議論に基づくなら、私たちは、親ガチャ的厭世観が前提とする出生の偶然性を、むしろ肯定的に評価することができるのではないでしょうか。

第一に、私たちはそこから、生まれたときのスタートラインの不公正さを是正するべきである、ということの理由を得ることができます。

第二に、出生の偶然性を根拠にすることによって、私たちは自分の価値観が絶対的に正しいという思い込みを訂正し、〈われわれ〉の輪を拡張することができるのです。

親ガチャ的厭世観を乗り越えるためには、社会による連帯が必要です。しかしその連帯は、決して、出生の偶然性を否定するものではありません。むしろ、私たちが、自分の選んだ人生を歩めないからこそ、私たちは連帯できるのです。

いずれにせよ、親ガチャ的厭世観に苛まれ、「無敵の人」になりかけている人に対して、責任の主体であることを要求するなら、私たちはそうした人の苦しみを最大限の想像力を持って想像し、そして連帯する努力をするべきです。努力なしに、他者に対して責任の主体であることを求めるのは、許されない暴力と言わざるをえないでしょう。

【脚注】

35 シモーヌ・ヴェイユ『工場日記』田辺保訳、ちくま学芸文庫、二〇一四年。

36 鷲田清一『「聴く」ことの力——臨床哲学試論』ちくま学芸文庫、二〇一五年。

37 はてな匿名ダイアリー「保育園落ちた日本死ね!!!」二〇一六年二月一五日、https://anond.

hatelabo.jp/20160215171759（二〇二三年九月六日閲覧）。
38 宮台真司『私たちはどこから来て、どこへ行くのか』幻冬舎文庫、二〇一七年。
39 リチャード・ローティ『偶然性・アイロニー・連帯』齋藤純一他訳、岩波書店、二〇〇〇年。

終章

自己肯定感——私が私であるという感覚

これまで本書は、私たちが親ガチャ的厭世観と名付けた現象について、様々な観点から検討してきました。最後に、この考察の歩みから、どんな結論が導き出せるのかを考えてみたいと思います。

親ガチャ的厭世観――それは、自分の人生が生まれたときの状況によって決定されており、後からその運命を変えることはできない、という人生観です。自分の力ではどうすることもできないような苦しみに直面したとき、ひとはその厭世観に感染します。そしてそれは、自分の人生を自分の人生として引き受けることを妨げ、ひとを自暴自棄へと陥らせ、さらなる自己肯定感の低下を招きかねません。

反出生主義や優生思想は、そうした厭世観の延長線上に立ち現れる思想です。しかし、それらはいずれも苦しみに対する根本的な解決にはならないということを、本書では明らかにしてきました。もし、解決ということがありえるなら、それは自分の人生を引き受ける可能性を回復すること以外にはないのです。

自分の人生を自分の人生として引き受ける――それは、実際のところ何を意味しているのでしょうか。私たちはこの問題をハイデガーの思想から検討し、次のような手がかかりを得ました。すなわち私たちは、たとえ自分の意志でこの世界に生まれてきたのではなく、また自分の望んだ状況に生まれたのではないのだとしても、自分が自分であることは誰のせいにもできないのだから、この人生は自分に帰属させるしかない、そしてそこに、自分自身を引き受ける可能性がある、ということです。

ただしこの発想は、それだけではまだ不十分です。なぜならそれは、結局のところ、自己責任論に陥る可能性を秘めているからです。そもそも、自分自身に向かい合うことができる人は、最初から親ガチャ的厭世観に染まりはしないでしょう。そうならざるを得ない人は、自分自身に向かい合うための何らかの条件を傷つけられ、奪われているのです。

そうした条件として、本書は他者との連帯を挙げました。「私」の声を、誰かが聴き、受け止めてくれる——そうした信頼を寄せることができるとき、はじめて、人間は自分自身に向かい合えるようになります。現代社会に欠けているのは、まさにこうした、対話の可能性に他ならないのです。

そうである以上、親ガチャ的厭世観を乗り越えるために求められるのは、何よりもまず、社会における対話の場の創出である、ということになります。それが、私たちがたどり着いた、一つの答えでした。

こうした本書の帰結は、ある思想家を重ね合わせることで、より立体的に理解することができるでしょう。それは、ハイデガーの弟子でありながら、彼を批判したことで知られる、ハンナ・アーレントです。

本書の第5章で述べた通り、ハイデガーは決意性によって人間は自らの本来性を――つまり、自分らしい生き方を取り戻し、責任の主体としてのあり方を回復する、と訴えました。ただしそのとき、人間は世間との関係性から切り離され、孤独な状態に陥らざるをえない、とも彼は考えます。彼にとって責任の主体とは、あくまでも孤独な存在なのです。

しかし、これは疑問の余地を残す考え方です。人間の本来性が孤独のなかでしか成立しないなら、社会の理想的な姿は、誰も互いに会話せず、一人で部屋に閉じこもっているような状態でしょう。しかし、そのような状態で、果たして人間は自分らしく生きることができるのでしょうか。むしろ、人と話さなくなることによって、自分が何者なのか分からなくなるようなことにはならないのでしょうか。

それに対して、アーレントは発想を逆転させます。すなわち、人間が自分らしさを提示するのは、他者の前で何かを語るときである──彼女はそう主張するのです。[40]

彼女の思想の鍵となるのが、「出生性」という概念です。出生性とは、この世界に生まれてくる人間が誰しも唯一無二であり、かけがえのない新しい存在として生まれてくる、という性質を指しています。ただしその際、ただ生物学的に出生することだけが重要なのではありません。人間が自分の個性を十分に発揮するためには、他者との関わりの中に参入し、他者の前で何かを語らなければならないのです。その対話の空間において、はじめて、人々は唯一無二のかけがえのない個人として姿を現します。アーレントはそうした対話の場を「現われの空間」とも呼んでいます。

アーレントの哲学に従うなら、自分自身を引き受けるということは、そうした「現われの空間」においてのみ成立する出来事でしょう。では、「現われの空間」を維持するために、私たちは何をするべきなのでしょうか。アーレントは二つのポイントを挙げています。

一つは、そうした「現われの空間」は、人々が互いに約束し合うことによって維持される、ということです。約束とは未来を保証することです。

「現われの空間」にとって約束が重要なのは、その空間が常に予測不可能で、不安定な領域だからです。そこにおいて人々は、誰もがかけがえのない個人であり、前例のない存在として出現します。前例がない存在である、ということは、過去の事例に基づいて行動を予測できない、ということです。なぜなら私たちは、誰一人として、過去に存在したことのない、この世界に初めて生まれてきた存在だからです。

「現われの空間」では、次の瞬間には何が起こるのか分かりません。だからこそ、その空間を維持する人々は、互いに未来を約束しなければならないのです。そこには、かけがえのない個人として対話の場に関わる人間が引き受けるべき、責任が示唆されています。

そしてもう一つのポイントは、これと一見矛盾するようにも思えますが、人々は互いを許さなければならない、ということです。

「現われの空間」は常に予測不可能です。それは、その空間が自分では思いもよらなかった方向に転がってしまい、予想を裏切る出来事が次々と起こり、事態をコントロールできなくなる、というリスクと隣り合わせであることを意味します。人間が自分自身を引き受けられる空間とは、そうしたリスクなしには成立しないのです。だからこそ、たとえ予想外のことが起こり、何か困ったことになったとしても、私たちはそれを許すことができなければなりません。予想外の出来事を許せないなら、私たちはもはや「現われの空間」そのものを否定することになるからです。

アーレントは、このように「現われの空間」を支える二つの要素を、「許しと約束の力」と呼んでいます。その二つがあって、初めて、私たちは自分自身を引き受け、かけがえのない個人として存在することができると、彼女は考えたのです。

自分自身を引き受けるということは、他者との連帯のなかで可能になる――それが本書の主張でした。ここにアーレントの哲学を交錯させるなら、私たちは、そこから次のような新たな洞察を得ることができるようになります。

すなわち、責任は寛容さを必要とする、ということです。

自分自身を引き受けることは、私たちが責任の主体であることを要求します。「私」が「私」であることを、他の誰のせいにもしない。それが、責任を持つということの意味です。しかしそれは、決して、自分の人生を思うままにコントロールできる、ということを意味するわけではありません。もしそうであれば、世界を決定論的に眺める親ガチャ的厭世観に、抵抗することはできないからです。

私たちは、この世界に生まれてきたくて生まれてきたのではありません。こんな自分になりたくてなったわけではありません。しかし「私」は生まれてきてしまったし、「私」は「私」になってしまったのです。少なくとも、それが不可抗力であったことを他者から承認されない限り、「私」は自分が自分であることを受け入れられないでしょう。

自分自身を引き受けること。それは、見方を変えれば、自己肯定感を保つということでもあります。

自己肯定感と言うと、今日では、他人と比較して自分が優れていると感じることだと思われる傾向にあります。そのように考えるなら、自分よりも優れた他人と自分を比較していると、自己肯定感は低くなっていきます。多くの場合、自己肯定感は、高い場合よりも低い場合に意識されるようにも思われます。

しかし、他人と比較して自分を評価することで得られる感覚は、優越感や劣等感であって、本来は自己肯定感と関係がありません。たとえ、他人よりも自分が劣っているのだとして、それが自分を肯定できない理由にはならないからです。他人より優れているから肯定する、あるいは劣っているから否定する——このような考え方は、自己肯定感の一つの捉え方であるとしても、そのすべてではないのです。

そもそも自己肯定感とは何でしょうか。文字通り、それは自分を肯定する感覚のことです。では、自分を肯定するということは、一体何を意味するのでしょうか。

哲学の世界では、肯定はあくまでも論理学的な概念です。それは、私たちが何かを判断するときの、一つの形式として理解されています。たとえば、近代ドイツの哲学者であるイマヌエル・カントは肯定を「SはPである」という認識の形式として定義しています。[41]

そのような意味で肯定という言葉を理解するなら、そのとき、自己肯定感とは、「私が私である」という感覚である、と考えることができます。「私」が「私」であって、それ以外の何者でもなく、それを引き受けざるをえない——そうした事態を受け入れられる感覚が、自己肯定感です。そうした感覚を抱くのに、他者との優劣を比較する必要はありません。それは、自分が優れているという感覚を指すものではないからです。したがって、たとえ何らかの点で自分が劣っていても、その自分に自己肯定感を抱くことは可能です。

このような意味で理解された自己肯定感は、責任の概念と密接に関係します。なぜなら、両者はともに、自分自身を引き受けることによって成立するものだからです。このことは、少し想像を膨らませれば、容易にイメージできます。

たとえば道で困っている人がいるとき、声をかけるか否かを迷っている人がいます。声をかけるべきだと思いながらも、そんなことをしたら恥ずかしい、という思いも生じます。そのように逡巡したとき、声をかけることを選択できる人は、自己肯定感が高い人でしょう。自分こそがその人に声をかけるべきだ、自分にはその責任があるのだ、ということを、受け入れられるからです。

それに対して、自己肯定感の低い人は、「自分以外の誰かが声をかけるだろう」、あるいは「みんな声をかけていないのだから、声をかけなくていいだろう」と、自分に言い訳をして、その状況に見て見ぬふりをしてしまうのです。

このとき、「私」は、「私」を「みんな」の一員として捉え、自分自身であるという感覚を失っています。だから「みんな」に流されてしまうのです。それに対して、自己肯定感を保つことができる人は、「みんな」がどう考えていようと、自分がするべきことを選択することができます。そしてそれが、責任の主体として行為することに他ならないのです。

そうであるとしたら、自己肯定感を保つためにこそ、他者との対話が必要だし、他者の寛容さを頼れることが必要である、ということになるでしょう。そうした機会を奪われるとき、人々は親ガチャ的厭世観に、あるいはそれが引き起こす自暴自棄に、抵抗することができなくなるのです。

最後に、改めて、筆者の立場を明確にしておきたいと思います。

自分自身を引き受けるということは、対話の空間に参入できるということを、可能性の条件としています。私たちが現代社会のニヒリズムに抗うために、まず変えていくべきことは、そうした対話の場を少しでも社会のなかに創出していくということであって、決して、親ガチャ的厭世観に苦しんでいる人に対して、価値観の変更を迫ることではありません。その条件が成立していない限り、価値観の変更などできるはずがないからです。そうした要求をすることは、結局、自己責任論を押し付けることになり、さらなる苦しみを生み出すだけになります。

では、対話の空間を創り出すために、何が必要なのか。それは具体的な手法の話になっていくでしょう。一人ひとりができることも異なるはずです。

ただ、少なくとも断言できることは、対話の空間を創り出せるのは人間だけである、ということです。私たちは、自分のできる場所で、自分のできる範囲で、他者と対話する機会を、この世界に創り出していくべきです。そこで何が語られるかは重要ではありません。ただ、誰かに話すことが許されること、誰かが自分の話を聴いてくれることを信じられること――それが、現代社会のニヒリズムへの、根本的な抵抗なのではないでしょうか。

【脚注】

40　ハンナ・アレント『人間の条件』志水速雄訳、ちくま学芸文庫、一九九四年。

41　イマヌエル・カント『純粋理性批判』熊野純彦訳、作品社、二〇一二年。

あとがき

本書は書き下ろしの作品です。執筆の過程で、筆者が教員を務める大学の幾人かの学生にご助言を賜りました。特に、入江萌楓氏、井上知美氏には、本書を書き進める上で重要な示唆を頂きました。この場を借りて感謝を申し上げます。

第5章で検討したハイデガーの思想については、鈴木優花氏にアドバイスを頂きました。鈴木氏は、原稿の確認を快くお引き受け下さり、丁寧なご助言をして下さいました。ただし、本書の内容に誤りがあった場合、その責任はすべて筆者にあります。

また、本書の編集を務めてくださった大古場春菜氏には、筆者の二転三転する構想を我慢強くお聞きいただきながら、本書のアイデアに共感を示しつつ、常に生産的なアドバイスを頂きました。多くの読者に届くよう、現代社会の様々なキーワードに目配りするよう心掛けましたが、そのように執筆を進めることは、一人ではできなかったはずです。大古場氏にも感謝を申し上げます。

読者のなかには、親ガチャ的厭世観に苦しんでいる当事者もいれば、家族や友人がそうした当事者であるような人もいるでしょう。どのような人生観を取るかは、個人の自由です。しかし少なくとも、苦しみが少しでも和らぎ、安寧の時間が少しでも長く続くのであれば、それはよいことだと思います。そのために、本書が何かの役に立つのであれば、筆者としてこれ以上の喜びはありません。

戸谷洋志

二〇二三年十一月

戸谷洋志　1988年、東京都生まれ。
関西外国語大学准教授。法政大学
文学部哲学科卒業、大阪大学大学
院文学研究科博士後期課程修了。
博士（文学）。『ハンス・ヨナスの
哲学』『未来倫理』など著書多数。

Ⓢ新潮新書

1023

親《おや》ガチャの哲学《てつがく》

著　者　戸谷洋志《とやひろし》

2023年12月20日　発行

発行者　佐　藤　隆　信

発行所　株式会社 新潮社
〒162-8711　東京都新宿区矢来町71番地
編集部(03)3266-5430　読者係(03)3266-5111
https://www.shinchosha.co.jp
装幀　新潮社装幀室

印刷所　錦明印刷株式会社

製本所　錦明印刷株式会社

ISBN978-4-10-611023-8　C0210